一个
职场老鸟 的
工作笔记

yige zhichang laoniaode gongzuobiji
yige zhichang laoniaode gongzuobiji
yige zhichang laoniaode gongzuo biji
yige zhichang laoniaode gongzuobiji
e zhichang laoniaode gongzuobiji

王启榆◎著

辽宁科学技术出版社

沈 阳

本书经由捷径文化出版事业有限公司正式授权，同意经由辽宁科学技术出版社出版中文简体字版本。非经书面同意，不得以任何形式任意重制、转载。

原著作名：《用软实力赢向平的世界》
原出版社：捷径文化出版事业有限公司
作　　者：王启榆
ⓒ 2011，简体中文版权归辽宁科学技术出版社所有。
著作权合同登记号：06-2011 第 17 号。

图书在版编目(CIP)数据

　　一个职场老鸟的工作笔记 / 王启榆著. —沈阳：辽宁科学技术出版社，2011.8
　　ISBN 978-7-5381-7003-0

　　Ⅰ.①一… 　Ⅱ.①王… 　Ⅲ.①职业选择－通俗读物　Ⅳ.①C913.2-49

中国版本图书馆 CIP 数据核字（2011）第 109976 号

出版发行：辽宁科学技术出版社
　　　　　（地址：沈阳市和平区十一纬路 29 号　邮编：110003）
印 刷 者：辽宁彩色图文印刷有限公司
经 销 者：各地新华书店
幅面尺寸：145mm × 210mm
印　　张：6.625
字　　数：130 千字
出版时间：2011 年 8 月第 1 版
印刷时间：2011 年 8 月第 1 次印刷
责任编辑：王　实
封面设计：黑米粒书装
版式设计：于　浪
责任校对：刘　庶
书　　号：ISBN 978-7-5381-7003-0
定　　价：25.80 元

联系电话：024-23284370
邮购热线：024-23284502
E-mail:ganluhai@163.com
http://www.lnkj.com.cn
本书网址:www.lnkj.cn/uri.sh/7003

前言
Preface

　　在职场上工作了很多年，身边来来往往的同事、主管、下属也不少。优秀的人才很多，但是需要再努力的人不少。优秀，用来形容一家企业，意味着战斗力，意味着竞争力，除此之外，还意味着许多优秀的人才；优秀企业与优秀人才之间，是可以划上等号的。优秀的公司会吸引许多人前来工作，优秀的人才也会吸引许多公司前来挖角。虽然，一名优秀的人才，不见得能够找到赏识他的伯乐，但是反过来说，一家企业若成功地找到千里马，就有机会在竞争激烈的商场环境中脱颖而出。

　　优秀的人才不是天生的，几乎没有人一出生就能够同时拥有良好的家庭背景、高学历、高 EQ……所以后天的加强就更重要了。无论是哪个领域里的企业，传统产业也好、高科技也罢，每一位企业主都想获得最优秀的人才，但是正如同之前所说，天生具有优秀背景的人很少，而资历平凡的人很多。

　　当然，企业主们也深知这一点，所以如何在一群较平凡的人中脱颖而出，就是笔者要在本书中告诉读者你的。

　　完完全全地被动、每天上班得过且过，这种类型的工作者是最让主管或同事头痛的了，他们脑袋里的中心思想是"多一事不如少一事"，对于主管交待的工作，能敷衍就敷衍，对自己一点要求也没有，如果真的有的话，最多也只求60分，能在及格边缘交差了事就行了！如果因为这样消极的工作态度，平常使自己不受主管重视也就罢了，公司一有事发生，首先要裁员的就是这种员工。

那么，让我们再想想另外一种截然不同的做法。一说到工作眼睛就发亮，总是有许许多多的想法，而这些行为远超过上级主管的要求与命令；工作中如果发现一丁点儿不对劲，不会视而不见地当做没发生过，反而会积极找到问题，进一步寻求解决的方法……仔细思考一下，在你的周遭有没有这样的人？或者你想要当这种人却不得其门而入呢？

相信读到这儿，有一部分读者的心里又冒出另一个问号，"如果能力不及做不到呢？"请放心，只要你愿意，无论是工作岗位中的哪个位置，人人都能够藉由努力的过程，让自己优秀起来。或许综观现实情况，多数人都只能算是平凡人，但是，我们可以做到平凡却不平庸，怎么做？唯一的答案是"充实自我"！——这也是笔者写作此书的初衷之一。

发现了吗？你所效力的企业优秀与否，结果是操控在你自己的手上。但诚如前文所提，我们让自己优秀，归根究底的原因是为了自己。

希望各位读者能够藉由《一个职场老鸟的工作笔记》这本书而间接充实自我。

王启榆

2010年5月

目录
Contents

Part 3 创意力 Creativity

Part 4 组织能力 Organization

Contents

Part 8　沟通力 Communication

Part 9　合作力 Cooperation

Part 10 发问力 Question

Contents

Part 1

速度力 Speed

反应速度，让起跑时机比对手更快一步
回复速度，给合作对象留下深刻印象
执行速度，让你提早一步胜出
找出"加快速度"的方法
不要一次只处理一件事
【不花钱就变强】

Part 1

速度力 Speed

能够被放在第一个章节打头阵，速度力的重要性可见一斑。首先让我们一块儿来搞懂，职场必备能力当中的"速度力"，指的究竟是什么？

从数学的定义来讲，速度，意指在单位时间内，物体前进的距离，注意到了吗？这里说的是"前进"而非移动，代表速度是有方向性的。假使某人闲得很，时间多到没地方花，想从甲地到乙地，以进两步退一步的方式来行走，一小时之后，他虽然来回走了将近一千米，但速度却只能以实际前进的距离来计算，还不到 500 米呢！

回过头来，如果将速度拿来套用在工作上，则意味着在固定时间内，你的工作进度向前迈进了多少？就算成天忙东忙西，一刻不得闲，但若是进度表上的工作项目没完成半个，那么工作速度就是一只人人都不想抱的鸭蛋——残酷的"0"。

保持工作冲劲固然值得嘉许，但光是埋头苦干并不够，在拼了命认真工作之前，最好能先想想，应该在哪些关键处提升速度力，而通过什么方法能让我们加速抵达目的地！

反应速度，让起跑时机比对手更快一步

如果有机会拥有某种职场超能力，你会希望那是什么？假如这道题是没有标准答案的问答题，那答案肯定五花八门，精彩得很。但如果是道有范围限制的选择题，那么选项中的"未卜先知"绝对跻身前三名之列。事情发生前就能预知，在职场上的确是一种十分管用的超能力，除了能达到消极目的，比方说"在主管抓狂前先开溜"、"在同事闯祸前先制止"之外，更重要的是，带来积极作为的可能性，例如预知客户的需求，提出适合的企划，早对手一步，抢占先机！

以上我们所说的"超能力"，似乎不应该存在于现实生活中，还记得"千金难买早知道"这句谚语吗？事实上，想

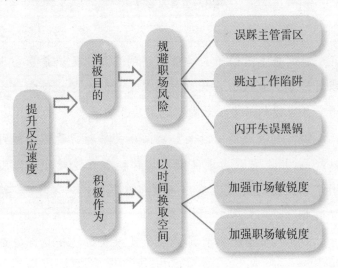

要"早知道"，既不用花费千金万金的希望做到"未卜先知"，也无须求助非自然力量，而是只要你转个弯，提升自己的反应速度，以时间换取空间就能办到！

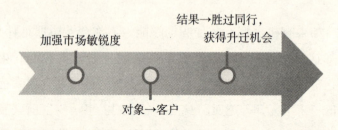

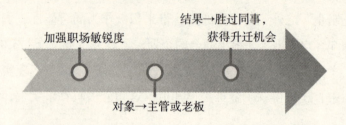

时间是上天给予人类最公平的资源，无论是身为小职员还是大老板，一天同样都只有 24 小时，但如何运用它，可以创造多少效益，则取决于自己。

如何有效地运用时间？翻阅相关书籍，我们大概可以找到 100 种以上的法则与定律，但无论是哪一位专家学者提出的建议，其中一定包含了这么一项——"减少浪费"。

如此珍贵有限的资源当然不能浪费，这一点你我都懂，但你知道你把时间浪费在什么地方了吗？不是只有"什么事都没做"才叫浪费啊！可能很多上班族都有类似的体会，开了一整天的冗长会议，但过程中不停地吃吃喝喝，外加闲聊天，会议结束后不是半项成果都没有，就是决议少得可怜。

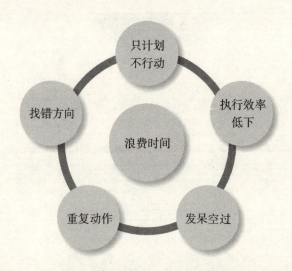

虽然在职场中，我们追求反应速度与反应能力，目的是为了放大所拥有的时间价值，但它们也是得靠方法训练、花时间累积的。如果上述图表中的情况，非常频繁地出现在你的生活中，或许那就是阻碍你再进步、再提升的关键因素！下定决心戒除吧！

"未卜先知"，只是利用一种比较有趣且简短的方式，来概括说明所谓的反应力。知道它有多么好用之后，接着便应该了解，究竟可以将反应力运用在哪些地方，以及分别能发挥出哪些神奇功效！

　　职场上反应力的运用方向，可以粗略分为"对内"、"对外"两大块。对内的运作对象，除了有大家都能轻易联想到的老板、主管与同事之外，反应力还可以拿来运用在自己身上。至于对外，则可分为上下游关系单位与订单客户两类。

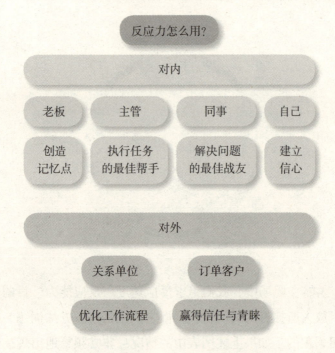

　　以下提供几种模拟状态，好让大家更容易理解，反应力为什么是职场必备的软能力！

案例一

　　蒂米毕业三年多，今年通过前任主管的介绍，跳槽到一个颇具规模的大公司，大公司的好处是有制度，但缺点是升迁渠道非常固定，似乎缺乏自己的表现机会。转眼间已经过了好几个月，对工作非常有企图心的蒂米决定："差不多是时候，让老板好好注意我的存在了！"

于是，在每个月的例行会议中，当大多数的人都抱着敷衍的态度来面对，他却选择在前一天晚上熬夜整理报告内容，将部门主管所提供，有如流水账似的资料整理成非常精简的一个个重点，还搭配图表的制作，省去阅读文字的麻烦。

果然，当天蒂米的报告，是所有人当中最简短的，却是最清楚的。除此之外，在会末的临时动议里，当大多数的与会人昏昏欲睡、神游太虚之际，唯有整场全神贯注、勤做笔记的他，能在第一时间回答老板的问题，提出相关建议，而且，字字句句都正中老板的心坎里，在这场会议之后，蒂米既为主管带来了面子，也帮自己建立了自信，给老板留下了深刻印象。

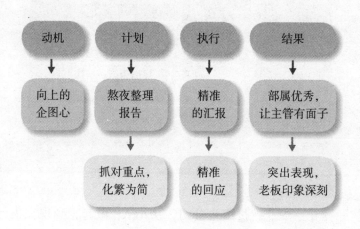

案例二

亚历是公司里的超级点子王，每次只要有大型提案需要共同合作，谁都想跟他分配到同一组，为什么？因为对主管来说，反应力一流的他，最擅长的事情就是抓重点，只要简单的交待，亚历就能知道他要的是什么，从来不出错，让他又省事又安心，主管心里常常想，一定要对他好一点，他走了我就累了！

身为主管身边的大红人，想必亚历的人缘很差吧？错！恰恰相反，办公室里无论是小菜鸟还是老同事，大家都喜欢他，因为，和他一起合作，等于降低出错的风险。反应力一流的他，是解决问题的个中高手，时常为团队找出盲点，省去大家走冤枉路的时间。虽然和要求颇高的亚历一起配合比较辛苦，但工作士气总是特别高昂，工作氛围也总是特别愉快！

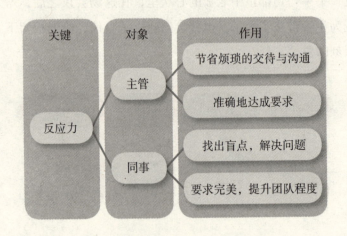

案例三

乔乔一毕业就进广告公司，从小 AE 做起，到现在也已经三年多，在升迁渠道畅通，用人唯才、讲求绩效的外商公司里，乔乔的升迁速度仍然让同事钦羡不已，为什么？原因无他，就是工作绩效好！

广告 AE 的基本功（也是最重要的）就是沟通，脑筋灵活的乔乔总是能把上上下下均打点妥当。要知道广告制作的上下游配合环节何其多，市场调查公司、媒体公司、制作公司……而客户只要下了预算，自然而然会流露出大爷的姿态，乔乔怎么搞定的？靠的就是反应力！面对关系单位，在问题出现之前，得先下手为强，利用快刀斩乱麻的气势，有效将问题收拢，让它不至于扩散发酵成无数的小问题。面对下预算的客户，则要在需求出现之前，先提出配套措施，屡屡创造"你怎么知道！"以及"这就是我要的！"的惊喜感。久而久之，关系单位一想到窗口是乔乔，就像吃了定心丸，配合态度温顺得有如小绵羊。而对客户来说，想得永远比他们还多、还快的乔乔，就是值得信赖的代名词。

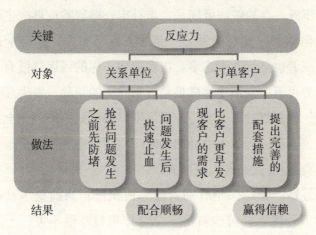

反应力可以运用的范围非常广泛，可以运用的情况，更是因人而异。以上所提的，只是基本中的基本，待我们将功夫练好，实际在职场上施展之后，你必定会发现，原来几乎每一个大小环节的成果好坏，反应力都是占据相当比例的重要因素。毕竟，在人人都只有 24 小时的公平准则下，省一秒就是多一秒！

回复速度，给合作对象留下深刻印象

记忆中是否也曾有过这样的经验？接到客户要求回电的留言，或者是合作伙伴的 E-mail，心里想着等一会儿再打、等一会儿再回，却等着等着就把事情给漏了、忘了，等到终于想起来的时候，早已过了好几天。这时候你会怎么做呢？

积极一点的做法可能是亡羊补牢，厚着脸皮再次主动联系，但结果可能有两种。一是对方正巧和你一样是个迷糊鬼，或者也是贵人多忘事，很幸运地，你的延迟怠慢有了台阶顺势可下，先不论这样最趋近于完美的结局，发生几率有多低，就算真的那么凑巧，但可别以为如此一来就完全没有损失，这个过程中无可返回的时间（这无庸置疑是最珍贵的工作资源），就是最大的损失！

另外一种结果是有别人比你更积极！当前竞争日趋激烈的大环境下，鲜少有哪一个合作项目非谁不可，千万别以为谈了好久、谈了好多次就笃定自己胜券在握，要知道客户口袋里的备选名单不知有多长，状况不佳、反应不佳……甚至是回复速度不够快，造成不必要的进度拖延，都有可能使"煮熟的鸭子飞了"！迟来的回复大概也只能获得对方礼貌而客套的一句："不好意思，我们已经决定合作伙伴了。"

还有一种状况最糟糕，无论是想起来却不好意思再度联系，或者是压根忘得彻底，总之，疏于给予回复的同时，却还收到对方的催告，如同被人当面提及自己的缺点，场面会有多尴尬，可想而知。

除了回避负面结果之外，寻求正面的意义才是积极作为。所有合作的终极目标都是希望成功，而从双方开始接洽的第一步，到圆满达成任务的最后一步，每一次的沟通联系都同样重要，如果能在回复速度上，守住一定的质量，那么一次次地往返沟通，就等同于一次次地加分。

试着设身处地为对方着想，传了短信之后，苦候回复的滋味并不好，发出 E-mail 却有如石沉大海……是忘记了吗？要不要再发一次呢？倘若没有忘记，重复传递会不会让对方觉得很困扰？是故意不回吗？什么原因呢？条件不满意、想找其他合作对象？还是单纯地忘了？这么多的问号，再加上一来一往的等待与不肯定，已经大大折损合作成功的几率，除了容易因为没有获得回复而心生疑虑，也会让人有"感受不到诚意"的联想啊！

实时回复，是最能让合作对象安心的好习惯，不仅可以展现出对合作项目的重视程度，也有展现决策能力的意味。假使对方提出来的问题，并非你能全权做主的，也同样应该在第一时间给予回复，明确地告知仍需要其他部门的配合或讨论，同时设定期限，预告将在什么时候给予答复，让对方能做好心理准备，这么一来合作关系也不至于在等待时产生剧烈变化。

执行速度，让你提早一步胜出

先机就是商机，当年葡式蛋挞正火，大街小巷飘香的蛋挞店，风潮一过收的收倒的倒，规模越大损失越惨重，口味再好也抵不过人们的喜新厌旧，唯独那些率先引进、早期开放加盟的店家能免遭池鱼之殃，因为在此之前，傲人的营业净利早使之成为真正的赢家。诸如此类的实际案例不胜枚举，平价炸鸡店、连锁咖啡厅、饮料小站、泡芙……每当出现了第一个成功案例，后继者便蜂拥而上，可是，为什么当风潮散去后，仍然只有当初打响第一炮的创始店幸存呢？原因就在于品牌印象。所谓"先入为主"，第一印象往往深植人心，不容易受到动摇。而同样的道理，从商场转而运用在职场上亦然。

就像是同时期出道的明星艺人，时常会被报纸杂志拿来做比较，但前辈、后辈却不会被放在同一个天平上比较。同理可证，在工作场合中想要提早一步胜出，就必须想办法让自己跳脱与人同台竞技的阶段，执行速度便是其中一个关键环节。

举个例子来说吧！部门经理要求本周结束前，要看到企划部同仁对新产品的营销规划，这时候大多数的下属们会怎么做？心存侥幸的可能正在想，有没有什么办法可以让自己在周五蒙混过关，而比较认真负责一点的，应该会开始在行事历上划记号，谨慎地挪出时间，希望可以按部就班地来执行上级交办的任务，提交出一份具有可看性的企划书。无论哪一类的执行者，均不约而同地在潜意识中，自然而然地将"准时"列为完成任务的最底线，差别只是有没有想要提升企划内容的质量，但是，如何能做得又好又快呢？

在部门经理要求的期限之前，提前一到两天递呈企划案，当然，这得有个大前提，对内容质量的要求仍应胜于时间速度，倘若快马加鞭的结果，是牺牲了质量，草率了事地完成，那还不如和大家一起在最后期限内递交来得好，诚如

前文所述，第一印象往往深植人心不容易动摇，倘若单单为求快，而给主管留下一个"马虎行事"的深刻印象，那岂不是本末倒置了吗？

除了速度与质量兼具之外，还有一点也得注意，那就是千万不要忽略自己原本正在进行中的工作，为了追求表现而将手头上原有的任务搁下，很可能会让主管给你贴上一张"不分轻重"的标签。要知道，提案内容或许是针对往后的公司需求而开发，但现在手头上的任务可是"目前"公司正在进行中的！诸如此类的逻辑原则一定要掌握好，方能精准判断缓急，从而在正确的地方下工夫！

期限前从容完成任务

兼顾执行品质与速度

原有工作同步无失误

当其他人嘻嘻哈哈地不当一回事，以敷衍的心态面对新任务时，你战战兢兢地寻找相关数据；当同事们个个准时下班，你却得每天多花上两三个小时的时间来赶进度，这样的结果会是什么？从功利的角度来说好处吧！结果就是你提前交出一份具有可看性的企划书，具体展现工作能力上的从容有余，也成功争取到免于与其他人同台竞争的机会。

时机点也是一门学问，恰到好处地提前，才会让对方觉得你是游刃有余，肯定你的执行力，而不是给人一种"作风草率"，甚至是"为达目的不择手段"的负面印象。许多工作能力卓越者，往往容易触犯后者的错误，因为好胜心作祟、疏于保留所致。记得，适度地展现企图心，有利于营造正面积极的形象，过于激进只会让合作伙伴产生戒心，给自己带来不必要的困扰！

　　人总是对每一个"第一"特别记忆深刻，无论是发生在自己身上的事情，或者是属于他人的纪录。具备优秀工作能力者，不会被动地隐藏在众人之间，等待被发掘，而会主动地赶在众人之前，争取表现。想让自己提早一步胜出，加快执行速度就是最简单而直接的大绝招！

找出"加快速度"的方法

　　无论困难或简单，所有工作均得靠时间来完成，而时间是上天给予全人类最珍贵而公平的资产，每人每天24小时，每年365天，要从时间上取得先机，唯有加快速度一途。然而，每个人的状态与条件不尽相同，适用于他人的方法不见得适用于你，因此想加快工作执行速度，其实没有既定的公式可循，若真要说有什么法则可参考，大抵就只有通过自我观察，

检视一下过去的时间运用逻辑，从中寻找漏洞或调整的可能性，进而为自己量身定做，找出一套属于自己的加快速度法。

时间运用检视表

每天上班……

☐ 都会迟到，只是长短有别

☐ 时间不一定，有时早有时晚，跟前一天的状态很有
关连

进办公室后……

☐ 看当天心情来决定一天的工作顺序

☐ 什么项目急就先做什么

☐ 没有所谓的工作顺序，想到什么做什么

☐ 突如其来的变动任务很多，像是开会或支持同事工作

☐ 没有在特定时段做特定工作的习惯

☐ 平时主要以配合同事为主，剩下的才是自己的时间

☐ 时常得同时进行许多件任务，对应窗口各有不同

☐ 计划赶不上变化，多想也没有用，因此习惯遇到问题
再解决

☐ 需要花很多时间沟通、打电话或写 E-mail

工作环境……

☐ 办公桌很个性化，拥有许多自己私人物品

☐ 喜欢边工作边听音乐

☐ 工作气氛良好，常有下午茶时间或是和同事交流感情
的机会

上述检视表中，你有几个"√"？假如一个都没有，那么恭喜你！显然你已经非常懂得善用时间，能运用它创造可观的工作绩效，如果还想再进一步精益求精的话，建议可以从"补充专业知识"此方向来入手。所谓熟能生巧，让知识为己所用，自然得犹如大脑思维的一部分，可以省去往返犹疑的时间，同时也避免错误，白走冤枉路，自然能有效加快执行速度。

倘若上表的每一个选项好像都是在说你，让你几乎得从头勾到尾，倒也无须太泄气，往好处想，起码这代表你还有非常大的进步空间，很有希望能夺得最佳进步奖呀！

表格里的每一个情况，代表的可不只是单一问题，细细审视不难发现许多隐藏信息，藉由整理可归纳出三大项使执行速度延滞的症结：

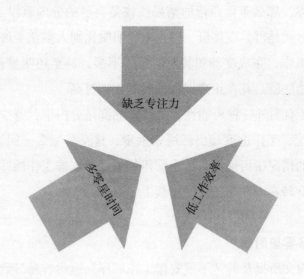

缺乏专注力

花费过多时间

低工作效率

缺乏专注力

这与置身何种工作环境有高度关连。边工作边听音乐，同事之间太频繁的闲话家常，每逢下午时间便有的午茶休憩……往往都是拖累执行速度的元凶。除此之外，办公区域过于个性化也容易使人缺乏专注力！想一想，桌面上放了最喜欢的小摆设，计算机一打开是心爱宠物的相片，身后的墙上贴着近来正火的电影海报……诸如此类的物品和上述情况相同，都能营造怡然自得的氛围，让工作者置身其中可以全然放松。但是，放松并不见得是最恰当的工作情绪啊！

低工作效率

外务过多的人最容易有此困扰。如果你总是别人眼中的最佳后援部队，如果上级主管一有什么零星差事总是第一个想到你，那么东帮西帮的结果往往是自己的分内事没进度，再不然就是得熬夜加班，感觉上，明明比别人多花了许多时间在工作，完成度却和其他同事差不多，甚至还明显落后，归根结底就是花在正事以外的时间比例过高。

还有另外一种可能性，虽然做的都是分内事，鲜少有外务干扰，工作进度却仍然缓如牛步，这又是怎么一回事呢？类似的情况很可能源自于不懂得如何妥善安排工作顺序，让时间空转在工作与工作的衔接上。

多零星时间

前文所提及的"不擅安排工作顺序"也很容易导致零碎

的时间太多，形同时间浪费。可别小看这些 5 分钟、10 分钟，若是整日累积下来有 1 个 小时，加以妥善利用，就足以将工作进度往前推进一大步！

你的问题属于上列哪一种？针对不同的病对症下药，才有机会彻底改善，以下提供几点简单的建议，或许可作为日后避免此类问题的思考基础。

自我要求

工作态度方面必须要有自我要求！想要有进度、有绩效，适当地绷紧神经是必要的，当然无须矫枉过正到禁止同事交谈、工作时打字以外的声音都不能有，或者是连一件私人物品也不准放！只是，工作区域与私人领域之间的区别概念仍应时时存在。

全神贯注

懂得区分工作性质的不同，人就可以在同一时间处理一件以上的事情，但这并不代表一心二用。例如边听音乐边写企划案，你的大脑在同一时间处于放松与谨慎两种环境，同一时间进行接收与付出两项任务，自然容易产生混淆，结局不是两项都做不好，就是得花更多时间、精力才能完成原订目标。

此外，无论你正同时进行几样工作，一件也好、两件也罢，重点是将注意力集中，就算手边还有许多同样急迫的任务，也要学会放下。分神悬念那些只会造成时间浪

费，越专注才能越快完成手上任务，省下来的时间就能拿来执行其他事项，这才是真正能加快速度的实际做法！

分门别类

工作可依其出现的频率分为常态性或机动性，再依执行方式分为自主性与互动性，此外在内容上还会有脑力密集性与劳力密集性的差别。而一天24小时，一周七天，也分别有不同的区段特质。如果能找出各种工作项目与时间区段之间的特性关连，依照这样的逻辑原则来安排顺序，往往能有事半功倍之效。

比方说早上精神好，注意力集中，那么建议可以安排脑力密集的工作，此时的思路清晰，可能只要花上1小时，就能达到下午3个小时的工作绩效。

常态性的工作代表每天都必须重复进行，可以将它切分为许多小项，塞在各种零星的衔接时段中，比方说午休之前抽出10分钟检查信箱，进行庶务性的回复与邮件分类。如此一来每天的例行公事利用零星时间便能解决，而且在执行过程中，也能趁机给大脑放松休息的时间。

每周五可以固定举行部门会议，总结一周工作同时评估下一周进度。周三最适合动脑会议，经过周一、周二的锻炼，周三大脑思考正活跃，是每周最积极的时候，通常能创造出最棒的会议效率。

出现频率	常态性	有发生周期的例行公事
	机动性	通常来自于主管、同事的临时要求
执行方式	自主性	自己可以独立完成
	互动性	需他人配合
工作内容	脑力密集	需要高度创意与思考力
	劳力密集	需要体力，可能过程冗长

充分准备

千万别相信"临阵磨枪，不快也光"！这样的逻辑在职场上不见得行得通，除非你对目前的工作并不在意，只将它当成阶段性的过渡职业，就算留下什么不完美的记录也无所谓。

相信很多人都听过这样一句话，"机会是留给准备好的人"！因为唯有准备好的人，才能在最从容的态度下，做出最好的表现，重点是，效率一定远胜于缺乏准备者。

结束一天工作之前，为自己预留一小段时间，了解次日的工作，有新任务便查点数据，有重要事项便作个标记自我提醒，需要的会议数据、联络信息也能作个简单的整理……今天为这些事情花上 30 分钟，明天将能省下至少两至三倍以上的时间，如此良性循环之下，你的工作效率肯定越来越高。

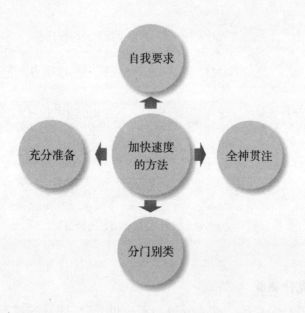

　　只要拥有的时间比别人多，使分母变大，感觉起来执行的速度就能更快些！但不是说每人每天 24 小时吗？怎么样能让时间变多呢？答案是减少浪费。比如说上班迟到就是一种最典型的时间浪费。对时间不够用的人来说，每天若能提前半小时进公司，晚 30 分钟下班，一天就能多出一小时的工作时间，诸如此类的方法还有很多，如实地检视自己的每天工作流程，便不难找出有哪些时间是被浪费掉的！下午那场小组会议有必要开 60 分钟吗？其实正经事好像 15 分钟就讨论完毕了，剩余的 45 分钟就如同虚掷。

　　因此，除了掌握上述四大原则，若能同时减少时间的浪费，定能更显著地加快工作速度！

不要一次只处理一件事

一般状况下，很少有人的工作是单纯地只处理一件事，大多数的人都得身兼数职，有时是总机兼行政，有时是助理兼人事，或者是工程兼管理。当分内的三到五样任务一起上门时，你是不是恨不得自己有三个脑袋、五双手？甚至如果自己能会分身术的话，那该有多好?!

其实只要懂得安排工作的先后顺序，就算只有一个脑袋两只手，也不懂分身术，也一样能一一摆平。首要步骤就是从两个角度来分析手上的工作，一是内容同构性，二是做法差异性。

将相似的工作内容安排在一起，省去重复做工的时间，例如在打印年度报表的同时准备开会数据，就可以把影印的工作集中在一起，省得跑两趟。许多人应该也有相似的经验，虽然服务不同的客户，但由于处在相同的工作岗位上，因此工作程序往往大同小异，客户的要求与疑问也时常重复。因此，如果能一次性地准备好各种数据，建立起工作数据库，那么在今天这么做的同时，便如同为下一次的需求做准备，等到下回又有新客户上门，这些例行性但不可避免的工作就不会耗去过多的时间。

巧妙地运用时间差与做法差异也是一种好方法，比如说用计算机传文件或上传、下载数据需要 30 分钟以上，不妨

就利用这段时间进行数据整理、跑跑公文，或是召开小型团队会议。前往拜访客户的路程上，仍能为明天的会议做演练，将重点记在笔记本或是输入手机中，这么一来，今天下班前的预习工作又能成功地完成一项！

这是一种熟能生巧的习惯，或许开始练习的时候，会觉得做这样的安排并不容易，总是难以找到工作之间的同构性或对比出时间差，但一次、两次，成功的经验会教你记住这样的逻辑，假以时日便能形成习惯，甚至是升级成为反射性动作。试着想想，即使人不在计算机前，计算机仍在为你工作，而且某些琐碎却不能跳过的工作，也可在零星时间中完成，不仅工作效率能提高，就连工作质量与情绪也连带地会有所提升啊！

【不花钱就变强】

说说话也能增进反应力

沙盘推演绝对是最直接、最快速，也最能看得出成绩的练习，同事或朋友之间，总有一两个人的反应力让你衷心佩服。所谓近朱者赤，除了在一旁偷偷模拟观察之外，时常与之交谈也能在无形中增进自己的反应力！

玩游戏也能训练反应力

从小玩到大的《俄罗斯方块》、《小精灵》，近年来正火爆、正流行的交互式家庭游戏机 Wii，或者是风潮正起的触控式智能手机，也含有许多免费下载的小游戏，可以训练反应力，如果上述这些都没有也无妨，网络宝库中还是有许多法宝，能让您不花钱就变强！

站名：游戏天堂

网址：http://www.i-gamer.net

介绍：上千种网页游戏，免付费、免下载、免安装，轻松地在游戏中训练反应力！

站名：游戏居落格

网址：http://www.mygamespocket.com

站名：免费游戏网

网址：http://www.freegame.tw

作运动也能强化反应力

冥想、慢跑、游泳、瑜伽、伸展操、骑单车、溜直排轮……这些运动强度较和缓的有氧运动，有助于肌肉放松与神经活络，能有效强化大脑反应力。

Part 2

观察力 Observation

职场上最值得赞许的"作弊"方法——善于观察

多角度观察，不自我设限

观察自己，观察队友，观察对手

【不花钱就变强】

Part 2

观察力 Observation

一谈到"观察力",你会联想到什么?如果将问题改为"缺乏观察力的人",画面是不是更清晰了一点呢?相信大多数读者,很容易联想到在工作环境中的某号人物,说话好像永远不经大脑,站在一旁听着他与旁人(尤其是上司)的对话,都让人忍不住替他捏把汗,心里不断地念道:"天啊~别再讲了!""踩地雷"对他们来说犹如家常便饭,更让人伤脑筋的是,很多时候这类人甚至迟钝到连自己引爆了什么也不自知,就算事前想给点提醒,事后想给些建议也无从切入。

以上就是一般人对观察力的普遍认知,其联想范围大概不脱离社交层面,即便运用到工作上,也多半与职场人际相关,但你知道吗?观察力其实无所不在地影响着我们的工作表现。以最基础的入门功夫"察言观色"来说吧!将观察范围从个人,拓展到环境气氛与时机点,观察力敏锐者能在大脑里快速地交互比对正确信息,进而做出适当判断,了解什么事情该找什么人谈才会成功,面对什么人要用什么方法才管用,在什么时间谈哪些事不会碰一鼻子灰……有效地提升沟通效率,不仅能赢得伙伴信任，更能获得杰出工作表现，由此可见，观察力果真是一种职场人不可或缺的能力！

职场上最值得赞许的"作弊"方法——善于观察

准备老师交代的功课或者是学校的考试，学生们有书可看，那准备主管交办的任务或者是应付客户提出的疑难杂症，上班族该从哪里找方向甚至是找答案呢？这恐怕是许多职场人士共同的疑惑，尤其是刚跨出校门不久的新鲜人，其彷徨不安的程度更甚。运气好一点的菜鸟可能有老鸟领飞，但是，幸运者往往是少数，办公室里冷面孔时常远比热情者多，若是问得太多、太频繁，一双白眼飞过来也不是不可能，许多新鲜人在这种时候常常大叹世风日下，或者备觉委屈，但真的是这样吗？

请教前辈也有最佳时间点，你观察到了吗？别以为耳朵没有紧贴着电话筒，手指没有忙着在键盘上敲敲打打，眼睛没有紧盯着屏幕不放……就代表对方是空闲着发呆，或许你的一声"请问……"就这么不巧地中断人家的思绪，赶走酝酿了好几天才出现的新点子呢！

况且，其实职场也是另类战场，虽然同在一个团队，但私底下略有较劲的意味并不奇怪，甚至是主管也很乐见良性竞争，毕竟有比较才会有进步，有输赢才会有积极的动力。因此回过头来说，除非是身为直属上司，有工作上的连带责任，否则同样领人薪水，年资较长者并没有调教新人的义务，除了珍贵的经验乃是历经辛苦与挫折累积而来，不见得愿意无条件分享之外，工作量的增加也是令老鸟们却步的主因之一。

怎么办？没有人愿意教，就只能自己徒劳摸索吗？当然不！善于观察便可以让你少走许多冤枉路！

最棒的观察方式说穿了其实一点也不稀奇，只需要仰赖你我都有的两种接收器与一项处理器，那就是耳朵、眼睛以及大脑！就像综艺节目经常说的"答案就在影片中"，其实许多前辈珍贵的经验法则，毫无遮掩地流散在办公室里，耳朵拉长点，听听平日他们是如何与客户对谈，或多或少能学习到沟通的技巧；眼睛张大点，帮忙准备数据、打印文件时，从细微处可看见他人的用心。不见得一定要通过"面授机宜"的过程，才叫做学习，才能有所获得。

为什么需要观察力？	不易因误踩地雷得罪人而不自知
	使沟通变简单轻松赢得他人信任
	少走冤枉路化旁人的经验为己用

学会了打开眼睛与耳朵，就是拥有观察力的第一步，但练好了基本功当然得往上再进阶！除了主动搜寻各种的蛛丝马迹之外，也要进一步训练自己，透视现象背后的真实意义，聆听意在言外的声音。该怎么做呢？放弃"眼见为实"的既定习惯，别让眼睛与耳朵取代了大脑，接收信息之后还

得经过消化与思考，才能使数据转化为真正可用的信息，使观察力更加面面俱到。

多角度观察，不自我设限

"名片上明明白白印的是'业务'两个字，所以举凡动脑筋的事情，都不是我的责任，那是企划人员该做的！"

"什么？要出去应酬见客户？不好意思，没时间啊～况且我担任的是企划一职，交际是业务的分内事吧！"

工程师不接电话，美工设计从不细读文字，文案编辑不理会版面，人事行政绝对不插手总务的事情……说得好听是各司其职、分工合作，事实上是对所谓责任范围以外的事情漠不关心。

以上现象在各种企业中均属常见，算是另类的国际流行，怀抱着"自扫门前雪"的态度来面对工作，不能说有错，但却有点可惜，分外事一定就是杂事吗？为什么不能将它们归类为学习与长见识的机会呢？或许从短期的收获与付出来看，前者远小于后者，但如果收获不仅指这一两个月的薪水，而是自身能力与这些能力将为你带来的长期报酬呢？

换个角度再想想！总是觉得自己怀才不遇，明明有一身好功夫，际遇却往往不如那些根本没有真材实料的同事？别人满面春风，扶摇直上，自己却愁容满面，停滞不前？更气人的是，好运福利永远没份，麻烦事却永远不少？还说，工作效率不高是因为同事推三阻四；业务成绩不理想，是因为客户难搞刁钻；加薪遥遥无期，是因为主管识人不明……你遇过这样的人吗？或者这些状况描述的对象就是你？暂且放下永无止境的抱怨，也不理会这些负面思绪究竟是真是假，只要单纯地思考一个问题：上述一切有没有可能是因为缺乏"观察力"所致呢？

走到十字路口要先做什么？相信绝大部分的人都能在第一时间内，背诵出正确解答："停、看、听"。停，是最简单的动作，让大脑运作来控制身体就行了。看与听呢？只看前方吗？不，左右两侧甚至连后方也得回头看一番。听则要涵盖远近四周、大声小声。这几个动作背后的意义是什么？其背后的最大意义在于"观察"，而且是多角度的观察。

将相同概念套用在工作逻辑上，观察时先跨出自我设限的那道界线，谁说业务就不用动脑筋，从企划概念的根本理解起，让你更熟悉自己营销的商品，无须天花乱坠的业务说词也能传达强而坚定的说服力，最后谁获益了？是业绩蒸蒸日上的你！美工设计如果在经营美感之余，也培养一些文字感，那么让文编气极败坏地拿着稿子要你一修再修的情况将大幅减少，最后谁获益了？是不用再没日没夜加班，能好好睡上一觉的你！

还有许多周边效益与各种五花八门的案例不胜枚举，其实企业中上上下下，无论哪个职位，总机行政或经理助理皆然，每个岗位至少各有上下左右四层（事实上远比这些更多），只要你愿意，处处都是学习与精进的机会，无须千里眼或顺风耳，周遭已有太多看不完、听不完的多元信息，懂得将其收为己用者，能藉此让每一个判断更立体而正确，确保自己的付出精准无误，任务的执行顺利且高效率。

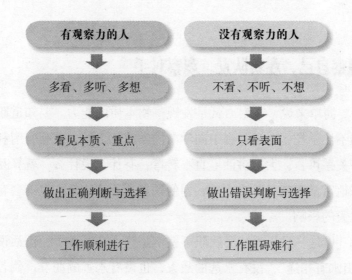

有观察力的人	没有观察力的人
多看、多听、多想	不看、不听、不想
看见本质、重点	只看表面
做出正确判断与选择	做出错误判断与选择
工作顺利进行	工作阻碍难行

倘若没有中乐透，那么在普遍状况下，一般上班族的职场生涯可能有 30 ~ 40 年之久，若将它视作人生中一段重要（甚至是主要）的旅程，那么沿途串接的风景可能是曲折或笔直，可能是精彩或乏味，可能是成功或失败……最神奇的是，创造出这么多"可能"的却是同一件事——选择。

穿越职场之路，我们经常站在不同的十字路口，选择下一步该踏往何处，选得正确、选得恰当，虽然不见得能神奇到能让人少奋斗个几十年，但求职路起码不会崎岖不平，也不会像个无头苍蝇般找不到努力方向，耗费了一身精力，却永远摆脱不了当炮灰的命。怎样才能选的正确、选的恰当？

怎样才能作出正确的判断？这些问题虽没有标准答案，却有个先决条件，打开心中的小宇宙，彻底且全面性地激发观察力吧！

观察自己，观察队友，观察对手

简单来说，观察力就是发现事物本质的能力。要知道职场不比学校，求学过程中同学与同学彼此之间，没有所谓利害关系可言，大家讲话笔直不转弯，有什么说什么，就算互踩地雷最多就是不欢而散，即便是老死不相往来，也不会有太大的影响。

可是一旦步入社会就职可就不是这么一回事了，俗话说"山水有相逢"，没有永远的敌人，也没有永远的朋友，倘若缺乏对人的基本观察力，因为招子不够亮而得罪了今日的战友，而明天他却无巧不巧地成为你的竞争对手，先不论输赢，心里已经有个疙瘩在前了！

有人说商场如战场，其实职场何尝不是呢？差别只在于从企业与企业之间的竞争，转换为人和人的相互角力罢了！每个人为了各自的目的、利益等不同原因，必须戴上面具虚与委蛇一番，因此这种时候观察力是否敏锐就显得格外重要。请注意，这不全然是坏事一桩，企业的竞争，能创造更优秀的商品或服务，人与人彼此的良性竞争，则有助于自我的提升，要达到双赢境界并不是不切实际的理想。

倘若傻乎乎地搞不清楚状况，听不懂别人的言下之意、弦外之音，看不懂对方表情所传递出来的信息，有极大的可能性会成为老板心中的黑名单、客户眼中的拒绝往来户、上司狂打电话的主要目标、同事避之唯恐不及的合作对象……那该怎么办？与其枯坐着穷担心，倒不如发挥速度力，加快动作磨亮自己的观察力吧！

就算撇开竞争不谈，在职场当中，一般情况下仍有许多地方需要运用到观察力，比如说：观察工作伙伴的需求，提供协助，让团队的工作效益最大化；观察客户的反应，强化优点、淡化弱点，让配合过程更顺畅；除此之外，懂不懂得观察上司的脸色也是很重要的基本功，是人就有情绪，能掌握对方的心情起伏或喜好，就能找出彼此沟通的频道；最后，还要懂得观察自己，别人要的，不见得是你想要的；人家做不来的，不一定你也办不到，通过观察来了解自己，方能在职场中充分地自我伸展并从中获得乐趣。

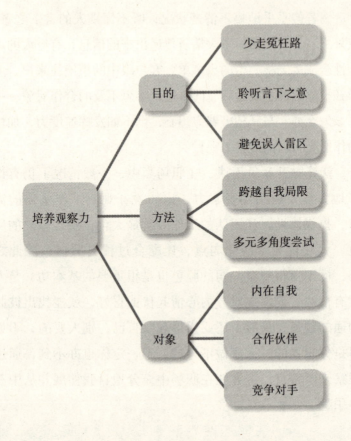

培养观察力
- 目的
  - 少走冤枉路
  - 聆听言下之意
  - 避免误入雷区
- 方法
  - 跨越自我局限
  - 多元多角度尝试
- 对象
  - 内在自我
  - 合作伙伴
  - 竞争对手

　　观察力的培养能让人更宏观，通过"表象"可见到"内在"，藉由"当下"追溯"过去"与推断"未来"。观察力的培养能让人更谨慎，因为经验将告诉你，台面上的"事实"有时或许只是冰山一角，贸然地认定眼见为凭，在当下立刻判断是非曲直，到头来往往得付出惨痛代价作为人生学费。观察力的培养能让人更接近成功，所谓"知己知彼，百战不殆"，这句出自于《孙子兵法》当中的经典名言就是最强而有力的印证。

【不花钱就变强】

练习改变

人类大脑有一种与生俱来的"补偿功能"，比如对越熟悉的事物，所能触动的运作细胞就越少，因此"改变"往往能够形成刺激，新事物与新习惯需要重新被输入、记忆，此时人的感受力会特别敏锐，也就是观察力得以发挥的最佳时机。

举例1：改变回家的路线或方式，习惯搭地铁者可以改搭公交车，或者提前一站下车走回家。

举例2：改变进食习惯，习惯用汤匙的可以改拿筷子，右手拿筷子者可以改用左手拿汤匙。

举例3：改变感官使用逻辑，看电视改为听电视，看报纸改为念报纸，蒙上眼睛在家走一小段路。

练习接收

观察力敏锐者往往具备一项特质，就是在关键时刻表现得沉默寡言，因为当旁人正在叽叽喳喳，努力自我表达的同时，他正忙着打开耳朵接收周边信息呢！所以下回在通勤路途中，别再只顾着闭目养神，或者是戴上耳机，企图阻绝"噪声"，拉长耳朵听听看周遭人群的对话，或许里头就有些你不知道的新鲜事！

练习描述

改变了回家的路线，有没有发现什么不一样的新鲜事？原来这样走比较近，原来这里新开了一家咖啡店，或者遇见了一条可爱的流浪狗……试着具体描述你接收到的新信息，通过这样的练习，大脑会不自觉地用力地回想所有大小细节，而且下回有机会时，你将会记得自己曾经错过什么、遗漏什么，因而看得更加仔细。

练习推理

在地铁上听到一男一女的对话，从对话间试着练习推测他们之间的关系，朋友、同事、恋人还是兄妹。走在街上看到大门深锁的店面，也可以从门面状况、招牌标示、左右两侧邻近的店家等种种信息，来猜想是经营不善、今日公休或者是其他状态。

练习找碴

在办公室里，迎面而来两位同事，试着在最短的时间内，找出两人之间的 10 种不同之处。走过街角的布告栏，强迫自己不能回头，光凭脑内印象说出一眼映下的画面，例如布告栏是什么颜色的、里头贴着什么文字告示，两侧有停放摩托车吗？这是一项随时随地都能进行的练习，而且能让观察力变得又快又敏锐。

Part 3

创意力 Creativity

"创意"不是无中生有，是意想不到的重新组合

N 世代最具竞争性的能力——创意力

如何培养与累积创意能力

创意＝有趣＝让众人与自己都惊喜

【不花钱就变强】

Part 3

创意力 Creativity

创意力？那应该是特定工作或特定产业才需要的吧！无论这是不是你的第一个想法，都请仔细思考以下两道问题，什么样的工作职位需要想法有创意呢？企划、营销、设计、文案……什么样的企业产业需要员工有创意呢？广告代理商、电视媒体、平面出版、3C科技……答案是不是与你脑海中浮现的想法大同小异？其实这应该也是多数人的既定印象。可是，它不尽正确！这两道问题的标准答案可以很冗长也可以很简短，如果要将正解一一列出，那真的是会很冗长啊！不过，化繁为简并不难，总归一句来说，就是"各行各业无不需要创意"！

这绝非空泛的高谈阔论，而是真实案例俯仰皆得的职场现状，创意力不见得只能用在商品的开发或改良上。虽然从表面上看来，唯有将创意力贯注于此，才有机会为任职的公司创造账面上的营收，提升自己的被利用价值，也带来直接的工作成就感。但实际上，创意力可以被运用的范围远远超乎想象，对象可以是自己、主管、客户或同事，着力点可以是更聪明的工作模式、更顺畅的往来沟通或更和谐的合作。别再以为创意力是不干自己的事了，无论

身处哪种行业担任何种职务，创意力永远是关键竞争力！

"创意" 不是无中生有，是意想不到的重新组合

从字面上来看，创意可以解释为创新与创造，这两者都对，只是意义不甚相同。许多人只要一听到"创意"两个字就头大，开会时最害怕主管要求自己提出有创意的想法，因为他打从心里就不觉得自己是个有创意的人啊！在这类人的认知里，创意就等于创造，必须无中生有、必须截然不同，过多的门坎限制将创意堆砌成高不可攀的铜墙铁壁（里头还要加上自己心中莫名的抗拒与压力，坚持相信自己一定办一不一到），这么一来，想要跨越当然不简单！

的确，"无中生有的创造"属于高级班的创意，看着别人犹如信手拈来般的"神来之笔"，浮现心头的往往是由衷的赞

Creativity

叹："太厉害了！""太神奇了！""根本是在变魔术嘛！"很少会偷偷暗自懊恼"怎么我会没想到"！因为在潜意识里，根本就觉得那是一件距离自己十分遥远的事情，就像人认定自己无法飞天遁地，因此不会因为"不能"而感到遗憾或不快，只会认命地接受。倘若有朝一日听闻有人可以办得到，多半也只会认为那是少数的奇迹或特异分子，或许因而感到羡慕和忌妒，却不会激发"起而效之"的动力！这才是最大的症结点啊！

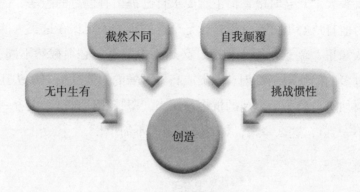

事实上，除非是天生的创意奇才，否则，希望脑袋里能"凭空"出现空前绝后的好点子，几乎是不可能的任务，但是，从过去人类千百年的历史上来看，那些在各个领域中，以划时代之创举为自己留名的古今人士，难道每一位都是罕见的天生奇才吗？实则不然！检视已经存在的成功案例，我们不难发现里头有许多共同的痕迹，诸如摆脱所有当下既定、现存的观念、思考逻辑，甚至是颠覆个人从小到大的认知……的确很难，但并不是办不到！否则人类文明不会从旧石器时代演变至现今能遨游外层空间，期间有太多太多突破性的创意了！

历史是最好的证明，证明"创造"不是少数天才独有的"特异功能"，我们之所以"不能"，大多是因为画地自限。从这一刻起，请把以下的概念塞进脑袋里——"就算不是百年难得一见的创意人才也有创造力，我相信可以"。

自信绝对是激发创意的第一步，那第二步呢？放心，不会如此不切实际地要你一步登天，况且才刚建立起的信心，很容易因为错误的初始经验而全盘溃散，还记得前面提过的"创意可以解释为创新与创造"吧！谈了这么多高级班的"创造"，也差不多是时候可以将注意力转回容易得多的入门班——创新。

在"无中生有"与"截然不同"的创造之前，创意还可以是"不按牌理出牌"、"同中求异"的创新。将熟悉的事物通过不同的排列组合，佐以少许关键性的新元素，使之变化出不同结果，这就叫做创新！听起来也很难，通过简单的例子你便会知道，其实这很可能是你时常做的事情，只是以前从来不知道，这也是种值得大书特书的创意。

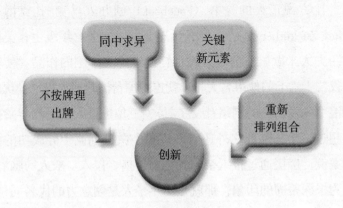

Creativity

女性读者或许有过这样的经验，一件再平凡不过的衣服，缝几个亮片、加上蝴蝶结，就能变成另一件吸引眼球的新衣服。男性读者则大多将这种创意发挥在机器改装上，遥控飞机怎么样能飞得比较稳；东挪挪西改改，车子好像跑起来顺多了……瞧～创意是不是没有你想象中的难？

将这些早已在日常生活中熟悉、具备的创意能力，挪移到职场上来施展吧！你可以从一成不变的枯燥工作中，找到交出漂亮绩效的方法，牢牢吸住主管的目光。你可以调整慢如牛步的工作流程，让执行速度快过那架新改造的遥控汽车。记住，创意力一直都在，它只是在默默等待你的发掘与运用啊！

N世代最具竞争性的能力——创意力

近年来有不少N世代的代表性人物，成功地以其优异的创意力，开创自己的事业、人生，成为媒体宠儿与众人钦羡的目标，比方说正火的脸书（Facebook）创办人马克·扎克博格（Mark Zuckerberg）是一名不到三十岁的标准七年级生；美国第一夫人米歇尔穿的是台湾年轻设计师吴季刚的作品，使得年仅二十六七的他声名大噪；就连中国台湾政治人物也爱玩的噗浪（一种新兴的网络社交工具），三位创办人的平均年龄也不超过三十，除此之外还有许许多多微型创业十分成功的大小案例，屡屡通过报纸杂志的强力传播，侵入一般人的脑海，成为根深蒂固的印象，那就是"年轻人是创意力的代名词"！

一顶大帽子扣下来，成为N世代的原罪，仿佛五年级生想不出好点子是应该的，七年级后段班想得出好点子也是应该的！无论是主管或者是同事，对N世代的创意力，常常有过高的期待与过低的包容，很不容易满意且很容易不满意，让许多人还来不及弄清楚自己的创意力高低，就已经先排斥听起来很难的创意了。

不是所有鸟儿都能飞得像老鹰一样高，也不是所有N世代成员都有满脑子稀奇古怪的想法，但是当大多数人都认定你们有，那么它便很容易成为一般人对N世代的迷思与普遍要求，倘若有人无法顺利达到标准，诸多挟带负面批评意味的代名词则纷至沓来，草莓族、御宅族、啃老族……仿佛他们并不是不能而是不愿，这是多么沉重的指控啊！

原本在其他世代族群上，可以成为加分条件的创意力，却成为N世代人人必备且竞争激烈的基本盘，是不是有点不公平呢？

恰恰站在教改分水岭上的N世代，或许在前辈们的眼中看来，定性稍嫌不足，做起事来容易有"三分钟热度"的情况发生；责任感也略嫌不够，因此有时消极的得靠旁人踢一下才动一下；抗压性薄弱，好像只能用鼓励取代责备，以实际协助取代口头建议……但在这些世代标签下，这群从小用计算机、泡网络长大的"七年级生"、"八零后"，的确也有属于自己的世代优势。

不相信吗？事实上N世代拥有许多六年级生和番石榴族（乐于消费，通过生活，支持环保，做好事，自我感觉非常好的青年快乐族）们所没有的优点，例如灵活的头脑、圆融的交际手腕、超强的信息吸收力与资源整合能力……觉得这些没什么用处或不稀奇吗？如此常见的特质根本算不上特质？这想法真是大错特错！将上述特质一一融和起来，所呈现出来的力量就是创意力。

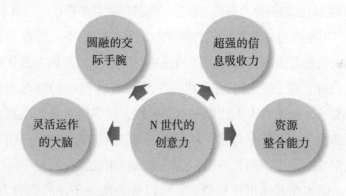

脑筋动得比别人快速

大多数的时候先机就是商机，速度上赢了就是赢了！尤其对公司主管、领导者而言，一份营销企划与其构思完美却迟迟拿不出来，还不如保留些许进步空间，就算仅有八十分，但却能赶在对手之前公布施行，这可比什么都重要！（倘若能又快又好当然是最佳状态呀！）

交际手腕比别人高明

职场老鸟们常感叹地说："做人比做事重要！"里头其实蕴含了许多不同层面的意义，当然也有所谓的世代包袱，可是时代在变，职场生态也在变，因此时至今日，这句话或许改为"做人和做事一样重要"会更恰当些。没有任何一种工作可以不用与人交际接触，而N世代因为年轻没有姿态，所以更能放低身段，如果再能打开眼睛与耳朵，虚心受教那就更棒了！假以时日必定能成为技术实力与交际能力兼具的高手，但在此之前，维系好人际关系绝对有益而无害，因为人脉将是你最棒的创意资源！

信息搜集比别人精准

从小用计算机比看电视多，N世代绝对是最懂得利用网络的一群，网络的奇妙之处就在于真的可以做到"秀才不出门，能知天下事"，有了"知"的基础，只要再加上过滤信息的能力，谈"创新"所需要的关键性元素，就能在你最擅长和熟悉的领域中被发掘。

整合能力比别人强大

脑袋灵活能想出好点子，交游广泛能号召好帮手，擅长信息分析能找到关键性元素……但要是少了整合的过程一切都成为空谈，好点子只能沦为异想天开，好帮手可能只是酒肉朋友，关键性元素也不再有意义。资源整合怎么会这么重要？其实它就是前文谈创新时，曾提及的"重新排列组合"，也是促使N世代创意力得以酝酿成形的最终步骤！整合能力卓越者，甚至可以打破"巧妇难为无米之炊"的法则，将对的事情摆在对的时机点等待发酵，将对的人摆在对的位置上发挥作用，即使拥有的资源极少，也可以迸射出极大的创意能量！

N 世代最具竞争性的能力是创意力，而能让 N 世代胜出的也是创意力，但 N 世代的人都知道自己拥有，或者懂得如何发挥创意吗？恐怕并不见得。无论你是不是 N 世代，只要是职场一分子，便都希望你能通过上述观点，发掘潜藏在自己体内的创意力，集中火力发展自己的强项，使之再进化，成为别人难望其项背的优势！

如何培养与累积创意能力

首要条件是先要有敏锐的观察力。根据经验法则得知，因缺乏观察力而少根筋的人，在创意力上大多没有什么惊人的好表现。举个例子来说吧！白小姐是某外资公司的前台文员，每天最大的任务除了接电话、招呼访客之外，就是协助同事解决中午那一餐——帮忙订盒饭，而她最大的乐趣就是利用工作上的闲暇时间，上网寻找各种新奇美食，然后号召大家团购。由于负责的工作与大多数的同事没有明显利害关系，再加上大家的五脏庙可能都得仰赖她的协助，所以白小姐在办公室的人缘一向还不差，可是正职员工来来往往，每回人事变动之际，白小姐总是心想："这回应该可以升我了吧！"但每次她总是希望变失望，上头的主管情愿另外征人，也不愿意将白小姐调离前台，去改坐办公桌，这是为什么呢？

真实的理由其实每个人都知道，可是当白小姐发出抱怨时，身旁的同事听众也只能哼哼哈哈地带过，谁都不忍心也不方便点明原因，毕竟"因为你太不识相"、"因为你太缺乏观察力"这类的实话并不适宜坦白吧！

每间办公室里都可能会有几位这样的天兵，而很不巧的白小姐正是！总经理助理明明已经黑着一张脸走进来了，只差没在身上挂着生人勿进的牌子，不需要眼睛看，就算闭上眼睛也能感受到对方辐射出来的负面情绪，在这种最应该避避风头的时刻，偏偏她就敢上前询问"今天中午的盒饭要订哪一家？""最新的团购您要不要参加啊？"……诸如此之类无关紧要的问题，就算提醒了她，她也会睁大无辜的双眼回答道："有吗？总经理助理心情不好吗？""不能问吗？可是我急着要统计呀！"

身为主管，当然不会单纯地因为部属在他心情不好时上前打扰，而断绝他的升迁之路，真正阻碍白小姐的，是她不擅察言观色，缺乏观察力的那一面，这些让主管发现（主管是有观察力的）在成为正式职员后，白小姐可能会有哪些不胜任之处，例如无法体察客户的需求，甚至更糟的是得罪客户！

而这与创意力有什么关系？这则案例是不是应该往前挪移，放到观察力的篇章比较好？这么说吧！起因在缺乏观察力，但破坏性的结果却因为少了创意力。在工作环境中我们免不了有机会面临苦差事，或者有难以启齿却非得硬着头皮开口的任务，观察力好的人有较多的机会避免上述状况，就算真的避免不了，也能够因为及早观察到而预作心理准备，甚至是花点心思动点脑筋，想个有"创意"的解决方式，化解尴尬同时达成任务，观察力不正是创意力的大前提吗？

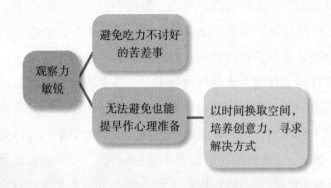

创意力的培养要靠观察力，那么创意力的累积呢？要靠保持怀疑而来！

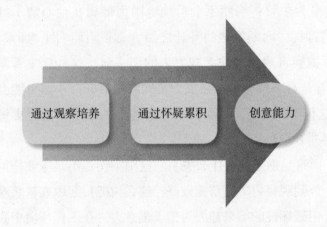

90%的工作是沿袭与重复，沿袭上级制定的架构，重复先前的经验与动作，因为占据的比重庞大，所以需要投入大量的人力。书报期刊或传播媒体每次只要以"工作"为书

写、报道之主题时，便会出现的螺丝钉理论，从这样的角度来看的确也说得通，毕竟控制机器的芯片往往仅占机体的1%不到，而零件反成了最庞大的副结构！

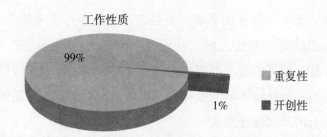

时常从上述的出版品或节目讨论中，获得许多针对螺丝钉的鼓励与安慰，像是"千万不要妄自菲薄，大机器少了螺丝钉就无法顺利运转，可见小螺丝也有相当的重要性……"诸如此类的论点不能说错，但却也不是那么地绝对，每颗螺丝钉都很重要，是因为它们负责的任务，而不是螺丝钉本身，这颗坏了大可以换另外一颗，就像是我们离职之后，自然有人交接和递补职缺一样。如果，我们永远只知道"一而再，再而三地重复"，好听的说法是安分守己，直接一点的话，也可以说是对责任范围的漠不关心。

举个最简单的例子来说吧！新手进公司时接受教育训练，前辈们将过往的经验加以传承，于是萧规曹随成了理所当然之事，过往的经验必然有值得保留之处，但想也不想地沿用则又是另外一回事，所谓"习惯成自然"，究竟被保留下来的习惯是好还是坏呢？

如果对于"照着做"感到有所怀疑,然后将怀疑付诸行动,寻求答案,那么便有很高的机会能改良这些过往习惯,去芜存菁,这不就是创意的一种——"创新"吗?!

常保怀疑,不是要你对每件事情都抱持着神经兮兮,或者是鸡蛋里挑骨头的精神,而是希望你能保持思考的活力,不让眼睛耳朵取代大脑,在接收了信息之后,仍愿意动动脑,就算不见得每次都能找出点什么更棒的,但大脑得以锻炼就是一种稳赚不赔的投资,它们将一次次地累积,最终以创意力的形式展现出来。

常保怀疑 ≠ 神经兮兮 ＋ 鸡蛋里挑骨头

在众多职场能力中,创意力无疑属于后来居上的重要项目,以往创意力被认为是加分条件,但现在已经是不可或缺的必备要件。可是有多少人是出了校门走入职场后才发现,过去在学校所受的训练对创意力往往是扼杀而非启发,其中又有多少人就此认定自己是创意绝缘体,干脆直接放弃,或者试图从茫茫书海、网海中,寻找关于创意力的标准答案,却不得其果,徒劳无功?事实上,创意怎么会有标准答案,讲师函授也好、平面出版品也罢,能提供的最多是一种激发与触动,真正能让你拥有创意力的还是你自己。大脑是一股取之不尽、用之不竭的创意之泉,思考就是泵,只要永远不放弃启动,就永远能享有源源不绝的创意。

创意=有趣=让众人与自己都惊喜

创意开关一旦被启动，除非当事人自行拔除电源，拒绝大脑运作，否则可没那么容易被关机，因为成熟的创意是一种思考模式，就像有人的思考逻辑比较乐观、有人的思考逻辑比较理性，如果没有特别要求或限制，原本乐观的人很难突然转为悲观，理性的人也不太容易突然感性起来，因此只要保持大脑的思考活跃度，就无须担心创意力有天会消失得无影无踪。

有了创意力，工作就会一帆风顺吗？不是说这可是很重要的职场能力吗？所以答案应该是肯定的吧！在竞争激烈的职场战国时代，事情恐怕没有这么单纯，创意还有好坏优劣之分，懂得区分个中差异，作出去芜存菁的正确选择，创意力才能真正为你的职场生涯大大加分，否则幸运一点，会成为大家口中颇有小聪明的人（不难听闻出这其中的贬抑意味吧！），或者是很糟糕地被当成是满脑子馊主意、歪点子的投机分子！

发挥在职场中的创意要分出优劣并不难，只要从目的或结果便能明白判断。负面的创意往往损人利己（损人又不利己的，基本上已经不能算创意啦！），正面的创意则能解决大多数人的问题。举个非常简单的实例来说明，某管理部门希望能降低纸类与清洁用品等耗材的成本，要部门同仁集思广益想点子。小李刚进公司不久，急于在主管面前有所表现，于是提出了一套流程非常完整的登记制度，在他的规划下，甚至还有浪费排行榜，办公室里谁也不想因为这种事情成为榜首，受到瞩目，情愿不登记领取，自掏腰包买面巾纸、复印纸的大有人在，过不了几个月，账面上看来公司竟意外省了一笔颇可观的金额，小李的创意似乎非常管用，但事实上，这个点子真的解决问题了吗？严格说来，它只满足了小李希望受到上司注意的需求，却给其他同事们带来更多困扰与麻烦，那么它充其量不过是个负面创意！

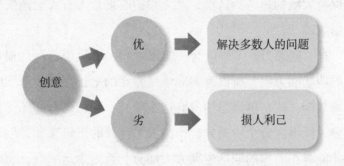

再过几个月，各种抱怨沸沸扬扬地蔓延开来，连管理部之上的主管都听到了，怨声载道的程度已不容忽视，不仅小李的点子立刻被下令立即中止，就连小李的主管也难逃一顿训诫。最后，是小杨的想法解救了大家。其实他的方法和小李提出的大同小异，事实上，他就是根据小李的作法加以改良，才提出后来的新方案。新旧方法同样都是登记制，同样都有排行榜，差别在于小杨提出的是节约排行榜，以鼓励取代责罚，反而让大家更有配合的动力。

两则创意的优劣已然十分明显，但明明是相似的作法，只有细微处的差异，为什么能产生迥然不同的结果？原因全在小杨的创意把握两大重要原则，让创意更精致了！

引人好奇

任何一种营销手法都一样，必须先让目标人群产生了解的兴趣，才有向下发展的可能性，好的创意亦然，唯有先引人好奇，方能进一步获得认同。以上述实例来说，小杨明明知道小李提出的方案已经引起轩然大波，他却还要提出相似的建议，当时大多数的同事心里必然这么想："他疯了吗？""他为什么要这样？""难道他不担心……"诸多问号证明小杨已经成功地达到引人好奇的目的。

制造惊喜

同中求异是最容易制造惊喜的方式之一，就好比沿着习惯的路线走回家，沿途景致都是早已熟悉的，转角会先经过一家咖啡厅，接着是眼镜店、便利店、药店……奇怪，怎么多了一间新开的面包店？这种时候就算你对面包没有兴趣，也可能会放慢甚至是停下脚步多看两眼，不是吗？说不定还会一时兴起，推门光顾去！同样的道理，在人们熟悉的环境、思考逻辑、工作模式上，抓住关键点做些小改变（幅度太激烈，恐怕有不易接受的反效果），便能收获画龙点睛之效。

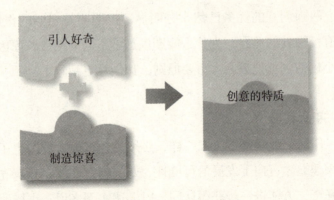

引人好奇

制造惊喜

创意的特质

　　轻松、趣味就是创意的本质！为了让工作更顺利，所以找出创意改变之；为了让生活更美好，所以找出创意改变之……但如果为了要达成这些目标，必须通过很困难或枯燥的方式，那不就和"为了在三十分钟的车程中有位置坐，所以提前三个小时去车站排队"一样的舍本逐末吗？因此任何创意都需要经过这一套审核程序，检视它是否能以更简单、直观的方式，带来不减分的趣味。

【不花钱就变强】

大量写作

　　若说观察力是创意力之本一点也不为过，因此想要强化创意能力，首重观察力的培养，而观察力可以通过大量的书写得以锐利。写日记是个很不错的方式，或者也可以符合时下潮流，利用博客、微博或脸书来练习表达，通过网络的交流，或许还能有另一番额外的收获。

大胆找碴

重回叛逆期，以"找碴"的严苛眼光，重新审视已经完成结案的工作（无论负责人、执行者是不是你），想想如果在某个环节，换上另一种做法，结果会怎样，反复练习便能找出习惯之外的创意可能性，为下一次精彩的工作表现进行预演。

大作白日梦

每一个灵光一闪的缪思，都有可能成为下一个让你出线的绝佳创意，保持大脑思考的活力，不要画地自限地老想着"怎么可能"，而是应该想想"怎样可以变为可能"。除了光用脑子想之外，最好也能实际记录下来，书写过程可以强化思路的清晰，让每个"虚幻的想法"渐渐朝"可行的做法"迈进，同时也能强化记忆力。就算有朝一日真能派上用场时，早已记忆模糊，此刻留下的纸本或档案也能作为查询的数据库呢！

Part 4

组织能力 Organization

大量吸收信息，是训练组织能力的第一项功课

有系统地思考与吸收

信息的 Input 技巧

信息的 Output 应用

【不花钱就变强】

Part 4

组织能力 Organization

问问自己最怕遇到什么样的工作伙伴，老爱推卸责任的、喜欢抢功劳的、平常习惯吹牛说大话的、暗地里总是扯人后腿的……这些都是办公室里不算罕见的职员百态，只要稍稍具有几年的工作经验，或多或少都曾经遇到吧！当然没有人希望自己的伙伴是这样的，可是和他们比较起来，还有另一种人也很让人头痛。虽然他不像上述那些人一样，怀着小心眼或坏心眼，可是所带来的麻烦事情，不见得会比他们还少！和这种人一起配合执行某项任务，实际劳心劳力的永远是你自己，为什么呢？因为把事情交给对方的结果，往往很容易变成一个烂摊子再丢回自己身上，与其出事后收拾残局，付出双倍心力，倒不如一开始就连同对方的工作一并负责完成，那还干脆、简单些呢！

如果不希望独揽工作也不希望对方出错，那么大多数时候身为合作伙伴者，只好不厌其烦地耳提面命，东交待、西说明，让对方一个口令一个动作地负责执行，但是兜了一大圈下来不难发现，好像自己做还更快些！这样的工作伙伴真的让人很伤脑筋，明明没有坏心眼，配合度也很高，只是负面效应大过正面效应，令人要讨厌他也不是，想由衷喜欢他也很难，这种人的问题普遍多出在缺乏组织能力方面！

大量吸收信息，是训练组织能力的第一项功课

缺乏组织能力的人有两种可能性，一是不懂得要组织什么，二是不懂得组织的方法。两者的严重性不相上下，但如果想彻底解决问题，还是得按照先后顺序，从第一个关卡处理吧！

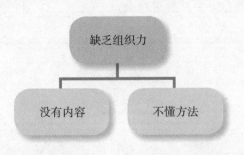

无论身处哪个产业领域，站在哪个岗位，负责什么样的职务，工作的本质就是解决一项又一项的问题，客户需要了解成本，所以有财会人员负责针对每个项目进行报价，老板需要随时精准地了解生产量、库存量、销售量、退货量……好调整各项营运计划，所以需要进销存报表、需要业绩报告、需要知道其他竞争对手的状态……但是，没有人天生就是工作高手，不需要通过学习就能处理这些，每一件上司交办的任务，或多或少都需要外来数据、资源的协助。

职场上的数据资源分为间接与直接两种，资深的前辈或同事属于直接类，我们可以藉助对方以往的相关经验，对比出类似的做法，寻求更完善进步的因应方案，而间接的信息来源则得靠自己了，通过大量的阅读、吸取，可以为自己累积数据库，其内容越丰富，面对各种职场上的疑难杂症时，你就越能得心应手，游刃有余。

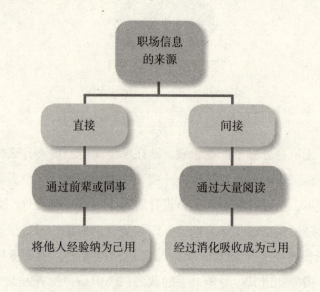

过去的经验诚然可用，但也不能尽信或完全仰赖，就算短期间看不出什么坏处，甚至有不容易出错的好处，但长此

以往必然会限制自身的发展，毕竟如果总是习惯按照安全的方法行事，而这些方法都是过去被一用再用的，就算换到自己手上，获得的结果最多也只能是"像之前一样好"，很少有机会发展成"比之前还要好"。

那么全部都靠自己不就得了吗？完全突破之后，就可能创造完全不同的结果啊！话是这样说没错，但所谓完全不同的结果不见得就是正面效应，也可能是负面的啊！万一非但没有从"中等"跃升为"优等"，反而下滑到"劣等"，岂不是吃力不讨好？

真正聪明的人会选择双管齐下，保守地站稳基准点之后，再寻求进步、向上提升的空间。其实这有那么一点类似"鱼帮水，水帮鱼"的概念，如何将从各个不同渠道获得的信息，融合整理化为己用，靠的就是组织能力，而其前提也正是信息的大量搜集吸收，因为在运用大脑消化吸收这些信息的同时，我们的组织能力也在潜移默化中，得到一次又一次的训练。

信息哪里来

有信息需求时，各种平面出版品如专业书籍、报纸杂志等，也时常派得上用场。以往，图书馆可能是寻找解答的好去处，但现在我们有更方便、万能的老师——互联网！

网络的出现大幅地改变了人类文明，从生活模式、人际

关系、消费习惯、工作状态、学习渠道……无一不间接、直接地受到网络的影响。在过去，知识、信息的来源有特定渠道，且这些管道通常有层层关卡，不见得能一路畅通到底，比方说学校教育有一定的进程，小学、初中、高中一路到大学、研究所……但现在通过网络，只要有意愿有兴趣，高中生也能轻易地接触研究所级的学识。

再举一个已然十分普遍的现象为例，以往人与人在面对面时，往往视经验传递为某种禁忌，不懂的人不敢开口问，怕唐突也怕被看轻，懂的人不愿开口教，怕过于炫技也怕优势不在！但因为网络的出现使这些矛盾都消失了，自行搜索数据不会唐突任何人，通过屏幕彼此陌生的人相互交流，不用怕因为"自己不懂"而被看轻，也没有"眼前这个人是竞争者"的危机感。

诸如此类的网络特性加速各种知识（广泛地涵盖各种专业学识与经验）的传递。过去懂得善用网络资源者，可以算是时代先驱，有机会成为佼佼者、胜利者，不过时至今日，善用网络资源已是基本条件，拒绝与时代一同进步结果就是被远远甩开，永远地落后。

信息的吸收也不能是漫无目的地囫囵吞枣，看到什么就吸收什么！知识有所谓的排他性，简单说就是一旦入了脑海，要移除或更改恐怕就没那么容易了，况且人的记忆力有限，为了不要让无用的垃圾信息占满你的大脑硬盘，还是得经过一定的选读程序，这些在后面的章节将有较深入地讨论。

有系统地思考与吸收

不分好坏，无论有用无用，毫不思考地将所获得的一股脑全塞进大脑里，是最没有效率的记忆法，被塞进脑子里的信息屡屡临到用时，若非片面不全，就是发现根本记错而派不上用场，这种状况往往就是因为在记忆的同时，少了思考与吸收这一段整理过程。

人脑虽然潜力无穷，但是对信息的置入却有排他性，就拿短期记忆来说吧！在未经特别训练或开发的状态下，人脑的记忆极限数量是七，一旦超过这个数字，所记忆的信息便很可能发生倒错、不全等失误，因此就算记忆力再好，也得分批次、分类别，有系统、有逻辑地予以思考和吸收，一味地贪快贪多只会降低效率喔！

要想有系统地思考与吸收，有两大主要原则可供参考：

确定方向

茫茫网海书海，信息多得看不完，如果不能很明确地知道自己要找寻的是什么，那么"大海捞针"恐怕都不足以形容这任务的难度。关键词搜索是一般最常用的网络数据搜集入门法，建议可以挑选规模与知名度在排行前2~3名的搜寻引擎来作为工具。输入关键词之后如果没有得到理想的答案，那么不妨用"换句话说"的方式来更改关键词，例如想找寻跟"大

脑"相关的信息，也可以输入"脑部"、"人脑"等词语。

除非所输入的关键词真的已经非常"关键"，像是人名或书名之类的，否则单单输入一个一般性的名词，很可能会出现"搜寻结果"过多的状态，此时可以增加关键词的数量，以两组或三组关键词进行交集搜寻，例如"大脑、记忆、开发"，可以让搜寻结果更集中聚焦在你所需要的信息上，就不用漫无目的地在茫茫网海里沉浮。

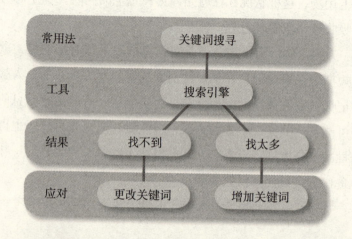

如果要通过平面出版品来搜索信息，那么除了对图书分类法要有一点基础的认识之外，也可以通过网络先行过滤一番！在各大网络书店中，多半有出版品的基本简介，输入关键词找到相关书籍后，便可通过网页上的介绍来做粗略选择。

懂得分类

进入一个网站或打开一本书，如果要从第一页看到最后，那么一天能看多少？或者反过来问，如果想要找到够用的信息，那么一天得花多少时间来看多少网站或多少本书呢？从资料搜集的角度来说，看了多少不是重点，其中有多少堪用才是关键，因此在进入网站或翻开书本的同时，应该先有个基础认知，那就是得为里面的数据进行分类。

分类方式有许多种，比较容易入手的有树状二分法与直觉三分法。所谓"树状二分法"就是先将内容粗分为"相关"与"无关"，被视做"无关"的部分，理所当然会先被抛开，而"相关"则继续分为"已知"与"未知"两类，这时可以先行打住，也可以视需要数据的精准度或者是所拥有的时间（时间急迫者可以再往下细分，取得最后结果，时间较充裕者则可以阅读较大范围的结果），再决定是否需要再向下细分。

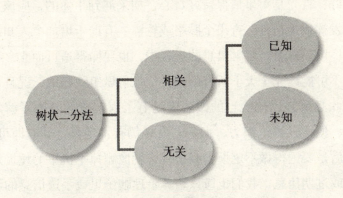

至于"直觉三分法"，则是将信息分为"有兴趣"、"已了解"、"全不懂"三大块，同样视需求或时间性来选择阅读的先后顺序，比如说是要温故知新，那"已了解"的部分

就可以被独立出来做快速阅读。如果只是纯粹的自我充实，不带其他急迫性的目的，建议先从"有兴趣"的部分入手，倘若是为了寻找答案，那么不知道的事情通常就隐藏在"全不懂"中，所以当然是从它优先吸收起！

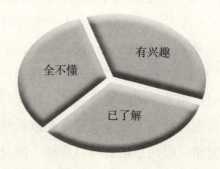

除了前文所提及的之外，还有几个小地方若一并注意会更好！首先是对事情保持好奇心，如果遇到不懂的，应该立刻发挥侦探精神，查出个脉络或轮廓，有助于增加个人知识的广度。再者，接触信息的过程中，也要懂得适可而止，我们不可能读完全天下所有的相关信息再做组织归纳，况且也无此必要，比较恰当的做法应是有了六七成的基本了解之后，便可发挥组织力，期间若发现仍有不足再行补充即可。最后是要记得做不定期自我检视，就像删掉手机里的垃圾短信或过期信息，我们也应该培养整理脑子里或手边信息的习惯，避免过多无用的信息占去宝贵的空间。

信息的 Input 技巧

看书时先看目录，逛网站时先浏览网页架构，因为目录与网页架构就像是内容大纲一样，能提纲挈领地让读者、浏览者概略地了解其内容轮廓，再从中选择需要的信息翻阅查询，节省大量的时间，提升吸收效率，这是信息 Input 的第一项技巧！

再者，关键词只能在网络搜索时发挥作用吗？不！吸收信息时它也很管用！先在大脑里设定好相关的关键词，然后便能以速读、浏览的方式开始阅读，每每一遇到关键词，再放慢速度细细研读关键词前后的字句，其余的只要看个大概即可。顺便提一下，文章的题目与段落标题，往往就是最重要的关键词啊！

在台湾，每个月都有超过三千本以上的新书出版，一年累计至少四万本，此外还有数不尽的期刊，这么多的出版品代表着许多人的心血结晶，也是作者呕心沥血为我们初步整理好的信息，放着不用多可惜！建议养成逛书店的习惯，从新书区、畅销区，光看各种封面就已经能获得许多不同的信息了，像是可以了解趋势、了解最近大家都在关心什么议题，了解普罗大众喜欢哪一种表达方式，直接的、幽默的、嘲讽的还是无厘头的，再看看各类书籍所占的架位大小，便能知道大环境发展的方向，语言学习类居多，可能代表着对职场工作的不确定性与不安，生活休闲类居多，或许象征着人们越来越在意品位，健康医疗类居多与老年化社会有相当程度的关联……瞧～我们甚至还不用打开任何一本书，就已经能获得这么多信息了！

记录也是信息 Input 的重要技巧之一！一目十行固然好，但重点在于是否能够过目不忘。现代人的生活内容复杂，每天要应对和处理的人、事、物繁多，因此行事历、PDA、智能手机等各种工具因应而生，因此，这时候还是不要对大脑记忆力有过高的自信比较好，建议可以通过手写或是输入等方式来做重点信息的记录，一方面加强记忆，一方面也可以将它们集结成一本你专属的"点子书"，说不准什么时候所记载的信息就能派上用场。

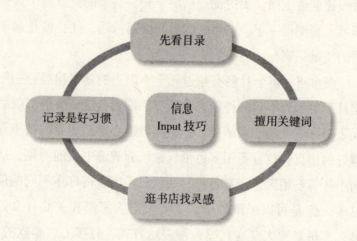

重要信息被收编入大脑的过程是否顺利，取决于组织能力的高低，就拿前文所提的记录来说吧！巨细靡遗固然

好，但花费的时间力气与日后的应用效率相比，恐怕不是一笔划算的交易。将信息记录下来的目的是为了日后应用，既然如此，那么只要能达到自我提醒的标准便算合格，建议可采用关键词列点式的记述方式，不仅简单好记，且日后应用也便利，最棒的是，通过记录动作，再决定何者为关键词的同时，可以同时强化观察力与判断力，一举多得啊！

信息的 Output 应用

俗话说："养兵千日，用在一时"，花这么多工夫累积信息，为的不就是在关键时刻能让它帮自己一把吗？不晓得你有没有这样的经验，主管要求一份紧急报告，主题内容正巧是你日前才花心思整理过的，你心想："太好了！表现机会终于来了！"结果打开计算机却忘了自己将那份数据储存在什么位置，在个个硬盘间来来回回进出许多次，就算用搜寻的方式，也因为记不清楚文件名而徒劳无功，心慌意乱之际总算想起自己之前好像有打印出来存档，但是——天啊～到底收在哪份活页夹、又归到哪个柜子去了呢？

无论是否曾发生过类似的惨案，我们都应该正视数据整理的重要性，唯有通过组织力，将数据做适宜的归纳，才能将它成功转换为可用的信息。

Organization

资料 ➡ 归纳整理 ➡ 可用资料

说是可用信息，但怎么用也有高低之差。依样画葫芦般地交出去，就算没有著作权、版权等侵权问题，也容易被人发现点子来自何方，感觉上似乎就少了那么一点因为令人惊艳而加分的机会。比较高明的信息 Output 应用法，应该是先自行消化吸收，之后再将其转化成自己的语言逻辑来进行表达，比如说最常用的就是"同义复词换句话说"、"前后顺序重新排列"。如果能以网罗来的信息为基础，再添加一点个人想法做点缀当然就更完美了。如此一来，那可就真的是属于你个人的独到观点喽！

长篇大论不如条列式文字那样好读、好记，条列式文字又不如图案、表格来得一目了然，可见最理想、快速、低失误的信息表达方式，其实是图表解说。事实上，图表不仅可以精准传达信息，在绘制的过程也可以帮助思考，同时训练表达能力，学习如何用最精简的方式作最完整的沟通。现在就翻开你手上的点子书，拿随手记下的信息做练习吧！

【不花钱就变强】

说故事

每则故事总有起承转合，学着说故事就得学着安排这些段落与段落之间的衔接，过程越滑顺组织能力就越好。说故事的练习可以分阶段，初阶是看图说故事。图，是提供想象力依循运作的空间，可能来自某一本书或是任何一则报纸上的新闻图片，甚至是自行随意串接、拼凑也行，不同元素所能达到的练习程度不一。

习惯了初阶的看图说故事，接下来可以做点进阶的练习——不看图也说故事！少了图片的帮忙，真的只能靠大脑来安排所有情节，很快地你会发现故事从结结巴巴进步到越说越顺，代表脑子里的逻辑与组织能力也越来越好了！

做计划

从日计划开始，慢慢推展到周计划、月计划、年计划，练习为每一个不同的时间段安排工作进度。这是一项一举两得的练习方式，过程中除了能训练自己的组织能力，也可以顺道重整、评估真实的工作状态，让进度控制更精准。

挑重点

每一次开口说话、上台讲话或者是拜访客户之前，都可

以试着多做几次这种练习，将想要表达的内容重点抓出来，以最精简的方式一一列出，再将列出来的重点做分类，试着找出它们的共通性，继续区分成三大类。通过这样的练习，可以让表达时的条理更分明，有助于听者理解吸收。

玩排列

三五个词汇能组成一个句子，七八句话能够组成一个段落，段落与段落衔接起来则成一篇文章。先按着这样的概念进行说故事练习，完成之后再接着拆解自己的成品。试试看，用相同的元素组织或另一篇不相同的文章，重点是字与字、词与词、段落与段落之间的排列组合必须合乎逻辑，这个过程中我们会更清楚每一个字词的独立意义与关联意义，除了对组织能力有所提升，表达力也会更好！

Part 5

学习力 Learning

高效学习力，让每个你犯下的错误都无比珍贵

持续学习，随时做好准备，创造无限可能

扩大学习的广度与深度，在意想不到的时候发挥个人价值

【不花钱就变强】

Part 5

学习力 Learning

在十大不可或缺的职场能力当中，观察力可谓是基础项目，少了观察力，就很难有创造力，以及后面篇章才会提及的交际力、沟通力、发问力……但还有另外一种能力，其重要性与观察力不相上下，都属于能在最源头便为你先打好根基，是在后续职场发展一路走俏的关键因素，它就是学习力。

"活到老学到老"，这句话人人都会说，但真的人人都在这样做吗？问问自己，上一次真心地对任何事物感到好奇，进而主动想深入了解，是什么时候的事情？上一本用心读的书，书名是什么？内容说些什么？你花了多久的时间读完？而你现在还记得多少？更重要的是，那是什么时候的事情？

如果这些问题的答案都已经遥远的让你想不起来，或许你记得比较清楚的是，上一次拒绝学习手机新功能、上一次拒绝参与流行议题的讨论与上一次被新出厂的科技产品打败……这些事情分别发生在什么时候？倘若这些画面仍清晰地存在于脑海，仿如昨日，那么也该是时候，让你好好正视、调整自己的学习力了。

你觉得疑惑吗？手机新功能、流行议题或者是科技新产品，和学习力有什么关系？或者，你觉得学习就是学生乖乖进学校上学去，上班人士走入语言、计算机等各种补习班进修，那才叫做学习？快放下过时的旧观念，一起来认识每个人都应该具备的职场学习力吧！

高效学习力，让每个你犯下的错误都无比珍贵

人类的大脑很奇妙，有排他效应也有自我疗愈的能力，比如一些比较负面的情绪或记忆，在一般正常状态下，经过特定的程序后，会被选择性地隐藏起来，不会遗忘，可是会模糊淡化，所以才有"时间能冲淡一切！"或者"时间是最好的灵药"之类的语句。

这是为了让自己释怀点、好过些的本能反应，但面对职场竞争，放任这样的本能自然运作，却不见得是件好事呢！虽然不去记忆那些出糗的、尴尬的、失败的经验，心情可能会比较好、压力会比较少，但是反过来说少了那些深刻就像少了一把警戒尺，也少了督促自己再进步的动力，而最最重要的，是少了要自己"不二过"的提醒！

有某一派的营销学专家认为，成功经验是不可被复制的，而失败经验却有相对的参考价值，反倒能让人更趋近成功，我们不从营销的角度来看这句话，单单从职场学习力的角度出发，可以说的确有其道理！试着想象一下，当有人告

诉你说，某条你所坚信的路是不可行的，你心悦诚服地相信对方的几率有多高（或者该说有多低）？但如果你曾经踏出错误的那一步，并且受到深刻的教训，印象深到想忘也忘不掉，几乎要视之为职场污点了，下次还会重蹈覆辙的几率又有多低呢？想必是微乎其微吧！

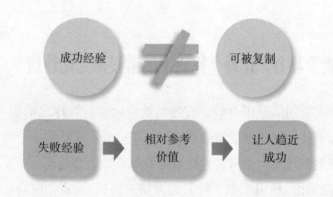

那么为什么有人老是重复着相同的错误，甚至是很低级，不仅不该一犯再犯，甚至是连一次都不应该犯的错误呢？因为他选择顺从大脑的遗忘本能，简单地说就是选择一条让自己暂时轻松愉快的路。没有被吸取的教训根本就算不上教训，但发生过的事情却永远不会消失，即使我们选择不记忆！那么，既然错误的历史已然存在，损害也已经造成，何不藉由学习力，从中获得一些弥补呢？放弃最最珍贵且绝对有效的一课，岂不是很可惜？

如果连人人避之唯恐不及、忘之唯恐太慢的错误，都能成为进步的推手，那么还有什么是不能面对、无法学习的呢？除非自我放弃！笨、懒、慢，三大老板心中最害怕的员工特点，或多或少地潜伏于每个人身上，只是有没有发酵与程度轻重的差异。但是笨和慢两者或许还有方法可解，比如说将勤补拙，但唯独"懒"字最让人头痛。惰性之养成就如同自我放弃，拒绝任何提升与加分的机会。但偏偏惰性人皆有之，且还是上述三者之间最容易蔓延发散的，该怎么办？学习力正是唯一解药，通过学习开拓眼界，能让人警觉自己的不足，自然而然地紧绷神经，以免被职场和社会淘汰。

持续学习，随时做好准备，创造无限可能

现如今各种考试让年轻学子们年年被考得七荤八素，为了应付一次又一次的考试，学习变成毫无乐趣的事情（当然也有少数的例外），剩下的除了压力，还是压力！

或许是因为学生生涯太过压抑苦闷，使得绝大多数的人视学习为苦差事，一旦顺利毕业走出校门，不仅立刻将书本丢个精光，就连学习的能力也自动放下。曾经在聚餐时，听新进的后辈谈笑间大声地说："念完研究生之后我就再也没动过大脑了！"席间传来哄堂大笑，还有人跟着附和，闻言不免令人有些感叹。从经验中得知，求学时期书念得越好的好学生，往往越容易出现这样的反差（并非绝对，只是比例问题）。

可能从学校教育的环节开始已经有所偏差，甚至是更早

期的家庭教育也有需要检讨之处。总而言之，为了让学生们能好好学习，求得所谓的好结果——考个好成绩、好学校，大环境时常引人本末倒置，忽略学习过程而只在乎最终结果，长此以往累积下来，学习被视作一种阶段性任务，该任务完成后，例如通过某种考试、取得某样执照，就再也没有学习的热情与必要性。

最讽刺的是，虽然谈到"学习力时常在学生生涯结束之后就被抛弃"，但严格说来，在我们每一个人都经历过的求学阶段中，真正的学习力根本就是第一个被丢掉的东西。六年级生可能都还有这样的经验，对课本上的学识有所疑问时，常被师长视作故意找碴、找麻烦，或者是胡思乱想、标新立异。不仅语言与史地类科目得靠背诵，就连数理科目也有公式，问公式来由？先背起来应付考试再说！在这种状态下，真正协助学生们度过求学阶段的不是学习力，而是记忆力。给你题目同时也给你答案，学习就像沙盘推演的防空演习一样，虽然逼真，但本质就是假的！也难怪当代出了不少"背多分"！

过去的错误已经发生，无法挽回，但从现在开始就作努力，最后的结果仍有机会被改变。已经有许许多多的实际案例发生在你我周围，在你身边也一定有这样的人！念书的时候被当成反应迟钝或者是问题学生，成绩一向不怎么出色，甚至是拖后腿的，得补考重考，说也奇怪，这些不被师长们看好，甚至连自己的父母也觉得头痛的孩子，怎么出了社会、踏入职场就整个人都不一样了？最常听到的夸赞之词是反应灵活、身段柔软。其实这很可能就是因为他们仍保有学习的活力。

职场上真正的成败关键不单单光看那一张张学校成绩单，学业上的杰出表现或许能为我们优先争取到机会，但如果成功取得入场卷，踏入职场这个残酷擂台，却不懂得发挥学习力，为自己累积竞争力，那么过去的优势将会以超乎预期的惊人速度流逝掉，优秀学生的光环不会永远不灭，当一年两年过去，不再是菜鸟新鲜人之后，上司或同伴看的也不再是你是否系出名门，而是你拥有多少实力与潜力！

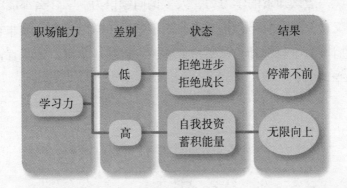

学习是一件永远不嫌迟、也不嫌多的事情，更是真正稳赚不赔的投资，为自己投注的心力任谁也拿不走，自然也不可能被剥夺。搭配敏锐的观察力来发挥，在为工作付出的同时也有所收获，不会短短几年过去就觉得自己被掏空，蓄积足够能量才可以在机会来临之际跃起，为自己创造无限向上的可能性！

扩大学习的广度与深度，在意想不到的时候发挥个人价值

高学历不等于高学习力，而高学习力也不一定代表高成就，虽然几率肯定比不思进取、学习力低落者高出甚多，但二者之间其实并无等号，除非再加上一条，方向正确且完整！

一般认知下的学习力，大多偏向领悟力。学什么都能学得又快又好，只是领悟力高，而不等同于学习力高，除非它同时兼具了目标动力与坚持毅力，三者缺一不可，才叫真正的学习力！

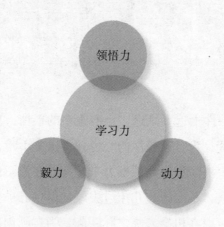

有意义才会有目标，有目标才有动力，而在动力不停地驱策下，才能坚持地学习下去，展现毅力，无论将学习放在

哪个范畴，职场生涯、求学阶段或平日生活，缺乏毅力，无法持之以恒永远都是学习的致命伤。

再将注意力调转回职场上。要知道，踏入社会后终结的是单纯的学生生涯，但并没有终结掉终身任务——学习。认真比较起来，离开学校之后才是真正开始迈入为期一辈子的学习之旅，光是从"学校教育有所谓的年限（义务教育与高等教育），而社会大学则无尽时"这点来看，就足以印证"毕业后学习才要开始"的论点！

其中，又以职场为人生最佳示范教材。工作时也许会遇到层出不穷的情况，见识到许多不同的人、事物，因为没有标准答案，所以可能性也没界限，所以更需要细细探索、慢慢研究。有句话说："人生的高度取决于态度"，同理可证，职场的高度也取决于当事人的学习态度，这里所说的学习态度则包含了广度与深度。

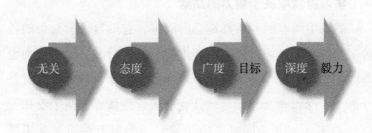

学习广度取决于目标的拟订

你希望自己有多棒，你就可能会有多棒！你觉得自己有多不行，结果很可能就真的是那么不行！目标设在哪里，人总是不自觉地朝目标贴近与努力。比如说，如果有个人初出校门时的雄心壮志是有天一定要当老板，然后在努力工作之余也要好好经营生活，希望自己有多元的兴趣和不同面向的专业……他给自己立下许多目标，为了能一一实现，得不断通过学习来自我充实，目标涵盖的范围有多广，他学习的范围就有多广（或者得更多呢！）。

有另一种人，可能是别人口中脚踏实地的人，也可能只是单纯地缺乏企图心，他对职场生活的期待并不高，只希望能有份工作得以温饱就好，如果慢慢发展可以升官当然更好！因为不是积极性的目标，只是顺带一提的，所以其实他心里想的是，没有升迁我也没关系，消极的心态反映在行为上也是消极的，缺乏作为的他除了年资以外，几乎一无长处，别说找不到升迁的可能性，就连是否能继续保住工作恐怕都是个问题。

学习深度取决于毅力的高低

职场中所有的一切都靠学习而来，包括自己所具备的各种工作能力。学习若以相当程度的深度进行之，工作能力也会以相当程度的专业表现之，就比如学钢琴、学吉他或者是学语文，学得越久、学得越认真，成效便越好。两个女孩天分相差不远，几乎同时开始学琴，一个每天练习丝毫不松懈，另一个想到就弹两下，总是上课前才临时抱佛脚，以敷衍的态度来因应。天天练习的女孩很快就从中获得进一步的成就感，练出了兴趣，持续地学习许多年，期间也保持毅力从不倦怠。

另一个女孩呢？三天打鱼两天晒网的情况下，琴艺始终没有明显的进步，别说指导老师感到失望，就连她自己也觉得很不耐烦，不出几个月就放弃学钢琴这件事，长大之后甚至连"自己曾经弹过钢琴"这件事都几乎要忘了！

如果将琴艺对比为工作能力，那么案例里这两名女孩谁会是具备优秀工作能力者？答案应该十分明显且没有争议吧！而造成这种差别的主因，就是个人毅力的高低！

虽然订下了目标，但结果也是有可能大打折扣的；虽然凭借着毅力一路坚持，也不见得能保证成功。可是，少了雄心壮志就少了可能性，缺乏坚持、草率放弃就肯定与成功无缘，因此，勇敢地做梦吧！扩大学习的广度与深度，就是增加机会出现的几率！

通过学习所积存的附加价值绝对不会是无用的，只要记住，过往经验可以是参考、是辅助，但不是跨不过去的界线，更不是尽头！做好准备，在某个意想不到的关键时刻，个人价值将得以发光发热！

【不花钱就变强】

除了通过一些内在的、自我的练习，比如说拟订积极目标、维持思考活力、养成阅读习惯之外，网络上有许多前辈、达人的经验也能提供绝佳协助。再者，多看多听绝对是刺激、培养与保持高度学习力的不二法门。

●MyOOPS 开放式课程

http://www2.myoops.org/main.php

由朱学恒主导建构，提供国外大学免费课程论文等翻译、在线学习资源等。

●撇步学日文

http://www.blog.xuite.net/jerrychen1103/blog

日文自学网站

●中小企业网络大学校

http://www.smelearning.org.tw

各种在职进修在线课程

●小笨霖英语笔记本

http://www.som.twbbs.org/klee/notebook/index.html

简单、实用、又有趣的生活化美国口语学习站

●台湾金融网络大学堂

http://www.elearn.tabf.org.tw

提供金融产业所需之数字教材

●Inventor 在线学习

http://www.elearn.inventor.idv.tw

许茗钧老师主持、制作，Inventor 相关技术之多媒体动画教学网站。

网络世界里还有很多宝藏，法律、医学、教育、科技……各行各业的专业知识，音乐艺术、料理烹饪、空间布置……多方面的生活议题，琳琅满目，不胜枚举，静静等候着谁能发挥高度学习力来挖掘吧！

Part 6

积极力 Positivity

永远比别人多做一些

鞭策自己的力量来源

个性决定命运，态度决定高度

为什么你应该勇于接受挑战

【不花钱就变强】

Part 6

积极力 Positivity

"不愿只是这样"的念头，就是积极的原动力，尤其在工作中，若是不满足于眼前的状态（薪水、职位、工作内容……），那么积极力则是促使你跳脱现状的最佳渠道之一。

这里说的"跳脱"，其实就是竞争的本质！"职场如战场"这句话不仅平时听到几乎生厌了，就是在本书里可能也前前后后地出现过好多次，但如此不厌其烦地提，正足以显示出它的重要性，若要说它是职场守则第一条也不为过！

关于竞争，大多数人总是很直觉地联想到各种敌对的代名词，敌方阵营、竞品、对手……但有的时候，和我们一起同台较劲的，是同一个团队的工作伙伴，即便是在团队里，仍然应该提醒自己保持竞争力，良性竞争能提升团队整体，自然也会提升身为团队一分子的你。

想要从基层向上攀升，关键就是积极力。无须聪明绝顶，只要积极投入，必定能有明显的回报。虽然是不是能爬到职场顶峰，有时还得看运气，俗话说时势造英雄，如果正巧碰上机会，天时地利人和之下，或许有一飞冲天的可能性，但那种机运毕竟可遇而不可求。通过积极力却不同，它能带来公平的机会，每一位职场人都能掌握自己的发展。只要够积极，要想脱离小兵晋升将军，绝对没问题！

永远比别人多做一些

同时间进来的新人，时常被放在同一个天平上比较，谁的工作表现比较好，或许需要一点时间酝酿，不见得马上看得出来，但是谁比较认真、谁比较负责、谁对工作怀抱比较多的热情（这一点对许多主管来说非常重要），却很容易在短短的时间内就分出个高下。而这种与"第一印象"十分接近的基础了解，往往特别深刻，难以改变，一旦你的顶头上司判断你属于认真、负责，且具备工作热情的职场人，那么恭喜你了！往后你的机会就比别人多，拥有的机会多，就等同于拥有可以好好发挥表现的大舞台，想让更高层的人注意到你，真是一点也不难！

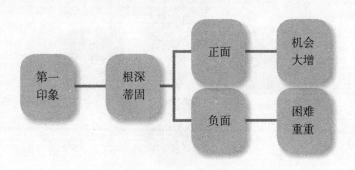

但是，反过来说，如果在短时间内，给主管或前辈、同事们留下的是负面印象：工作态度有点懒散、随性，反应不太灵活，似乎也不是十分积极。无论背后的真实原因是什么，都很容易让你的职场之路走得分外艰辛。就好比有些人天性比较羞怯，进入新环境总需要更多的时间来适应，因为害怕说错话、做错事，所以误以为一开始应该先观望就好，少说少做才能少犯错，反正工作不是一两天的事情，往后若想要好好表现，机会应该多得是。

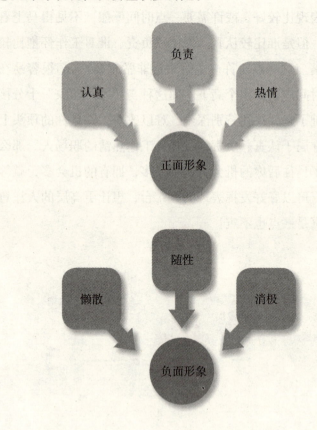

的确，工作不是一两天的事情，虽然得到的是与完美尚有一大段距离的负面印象，但也不等于往后将完全没有表现机会。可是，当与你一同工作的伙伴们，无论是上面的老板、主管，或者是同级别的同事，觉得你可能是不怎么及格的战友时，你所能分配到的机会，势必比别人来得少，而他们对你的犯错容忍度，也会更低、更严苛。一点点小事便很容易被放大，更别提在工作中若稍有不慎而有所缺失，则更容易被当成极为严重，甚至是不可挽回的大错误，因为基础印象中，旁人早已经先入为主地等着你犯错，以呼应心里头想的："唉~早就知道他会这样了!"

　　在这种状态下，负面印象只会一而再，再而三地被强化与反复印证，想要平反谈何容易。"人人都不看好、等着你犯错"的工作氛围，则会形成另外一股庞大的负面压力，让人更容易在战战兢兢中出错，正巧落人口实，周而复始地成为恶性循环，这么一来，还谈什么工作表现呢? 非但工作气

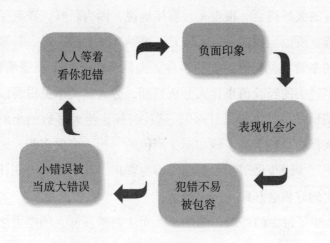

氛一点也不快乐、糟糕得不得了，甚至随时还有失业回家的可能性啊！

当然，以上所说的并非绝对定论，但从实际案例来看，却有很高的比例会发展成相似的态势。一切的一切，竟根源于初始印象，觉得很不公平或者很不合理吗？其实我们大可以换个角度来想一想，不是说"职场如战场"吗？（瞧~经典台词又出现了！）那么一起工作的伙伴就等于一起作战的战友，虽然和真正交出性命的战争有一段大距离，但面对工作伙伴，我们交出的是自己成功的可能性，只要想到这里，怎么能不严格呢？

既然初始印象有举足轻重的决定性，与其执着纠结于合理性的问题，倒不如好好想想应该怎么样，才能让职场里的关系人物们，对自己留下正面的初始印象吧！答案只有一句话——"永远比别人多做一些"！

这是一种积极力的具体展现，也是职场新鲜人尤其不可放过的大好机会。很现实且直接地说，因为新鲜人缺乏工作经验，所以当我们一进入公司，被纳入某个团队时，日理万机的主管不见得有时间照料你，而同事也还处于观望阶段，少了过去的经验值来让人分析判断，旁人其实不见得可以很明确地知道"你能做什么"，这种时候，绝大多数的新鲜人会选择被动地等待，诚如前文所说的，担心多做多错，因此误把"少说少做等于少犯错"奉为真理，殊不知自己正让第一次的好机会从眼前白白流逝！

少了过去的经验，固然让人无法判断新鲜人的能力之所在，但这也是每一位职场人能犯错的唯一时期啊！因为你没有经验嘛！这么说不是要你放心地搞砸手上的每一项任务，只是要提醒你，别因为害怕犯错而裹足不前，特别是在自己没有经验包袱的时候。

对少部分的职场老鸟来说，因为缺乏竞争力，也只想安安稳稳地守着一份工作，对未来发展没有一丝一毫的期待与想法，或许，"少做少错"便是种贴切的职场生存法则。但只要是稍有企图心的人，则应该抱持"多做多机会"的观念，尤其是"新人"。这里的新人泛指甫出校门的职场新鲜人，或者是已有工作经验，只是转换跑道、跳槽的公司新进人员。来到一个对自己陌生、无所知的环境，如果能够主动地寻找工作机会，而不是被动地等待指派，不仅可以从中寻求表现，同时也能藉此营造积极的形象，有益而无害。

谈了许多新进人员与新鲜人该主动积极的理由，难道资深的职场老鸟，或者是工作三到五年这种半新不旧的职场人，就不必主动积极了吗？不！这类人更有积极的必要，更应该时时刻刻地牢牢记住："永远比别人多做一些！"

这么做的目的当然不是为了所谓的"第一印象"，而是为了更强烈的目标——升迁！职场的分工、分责或许不是非常明确，但职位高低却是绝对的，当了好多年的小兵，也想有朝一日变将军吧？但该要怎么做才会让老板注意到你，进而认同你呢？答案说来简单，就是要比别人好！而比别人好的第一步，则是要比别人多做一些！

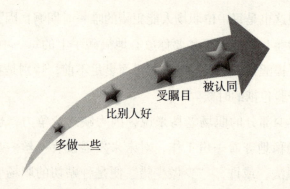

多做一些　比别人好　受瞩目　被认同

　　这里的"多做"，指的并非是盲目地将事情通通一股脑儿地揽在身上，而是要你更谨慎地先检视自己，了解自己的专长之所在，然后在擅长的范围内，充分发挥当仁不让的精神。更精准一点的解释，比别人多做一些，是要挑对的事情来做，而你所擅长的事情就是对的事情！

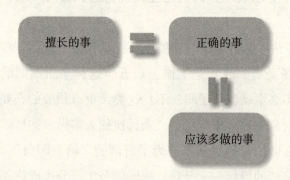

擅长的事　＝　正确的事　＝　应该多做的事

　　这么说吧！倘若企划是你最拿手的，那么当大家在会议室里想破头也挤不出好点子的时候，不妨跳出来，要求一小段适当的工作时间（如果能稍微挤压浓缩一下，比适当再提前10%就更完美了），由你来整理规划，有了初步的结果再和大家讨论。这么一来，你不仅解了众人的燃眉之急，就算不到"感激在心头"的地步，起码也会有"松了一口气"的感觉，而最重要的，是你获得最棒的表现机会，就算还没有看到实际的企划成果，这样的积极主动也已经让你在主管面前拿高分了。

不过，不是所有事情、所有场合，都适合上演"跳出来"的戏码的！就拿同样的例子来说吧！假如企划明明不是你所擅长的事，却为了逞一时之快，硬着头皮揽下来，虽然能获得暂时的激赏，但那恐怕也只是昙花一现，等到任务在你手上搞砸了，别说加分，只要不倒扣个精光就该偷笑了！再者，在跳出来之前，也应该注意，会不会"踩线"而不自知，尤其如果踩线的对象是比你资深的前辈，那可是职场伦理的大忌呀！

永远比别人多做一步，除了是积极力的具体表现，其实也象征着速度力。每人每天都只有 24 小时，而你却能做得比别人更多。显然，以积极取代犹豫，扣除停滞徘徊的时刻，时间的运用效率便会自然而然地向上提升。当我们一直做得比别人多，久而久之定会再晋级，进入"做得比别人好"阶段。其中并没有什么神奇的大道理，甚至没有诀窍，唯一的理由就是因为做得多，所以累积经验多，因为累积经验多，所以熟能生巧。想要成为"又快又好"的高手级人物，其实只是如此而已啊！

Positivity

鞭策自己的力量来源

　　积极不仅仅是一种工作态度，更是一种人生态度！有的人选择依存在优秀的团队里，与伙伴共存共荣，有人喜欢从基层做起，为自己打拼，当然也有人以安稳度日为最高目标，在哪里工作、做些什么，并不是那么在意，只要每个月的薪水得以维持基本生活，而且每个月都能准时入账，这样就心满意足了。面对人生、面对工作的哲学有许多种，这些哲学逻辑本身并没有所谓的对或错，但是，在讲求这些哲学之余，你选择的态度则有是或非。

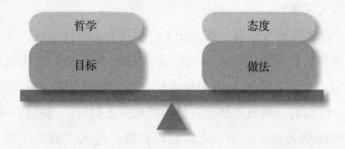

　　举例来说，因为期待平稳无风的生活，所以抱着人生态度也是稳扎稳打、脚踏实地的，看到机会来临时不会兴奋地被冲昏头，反而会先放慢脚步，评量风险高低，以规避任何破坏平稳的可能性，就算因此错过了某些发展，也不会因此感到懊恼甚至失志，因为那并不是最主要人生目标。这样的态度恰恰符合人生规划，因此可以说是十分适宜的，但相同

的态度，如果套用在其他不同的人生规划或工作哲学上，评价可能一路下滑，从"适宜"变成"非常不恰当"！

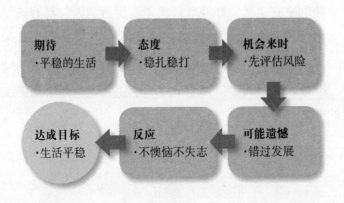

比如说你对自己的期待是在工作上闯出一点名堂，起码得挤进百大企业，当个称职的中级主管之类的。可是平常看到机会来临，却不见得会用最快的速度上前抓住，非得等到确定毫无风险才敢尝试，这么一来，却往往早已错过最佳的表现时机，态度与规划缺乏同步性，梦想自然是越来越遥不可及，因为你始终不曾朝它走去！

该拿什么样的态度来面对工作，就看你对工作抱着怎样的期待与想法。俗话说："人往高处走，水往低处流"，身处职场大环境，如果可以当一级主管，很少有人会想一辈子当小弟或小妹，或许有部分读者曾经碰到这样的工作伙伴，对薪水没有太大的要求，低一些也没关系，只要稳定入账就好；对各种机会没有太高的渴望，缺乏工作表现也没关系，只求不要出错就好。这些人往往以无欲无求的平淡来做自我包装，甚至表示平凡就是自己唯一的追求，但事实上真是如此吗？仔细想想，这些表面上看似无欲无求的人，真的比较快乐吗？还是不时地叹气外加抱怨，范围内容可以从职场工作一路到家庭生活，好像举凡出现在周遭的人，都有值得拿来大做文章的议论点，如果真的无欲无求，何来诸多不满呢？再者，他们所追求的究竟是平凡还是平庸？最后要请你思考的是，他们的生活是不是你所能接受，甚至是渴望或期待的呢？

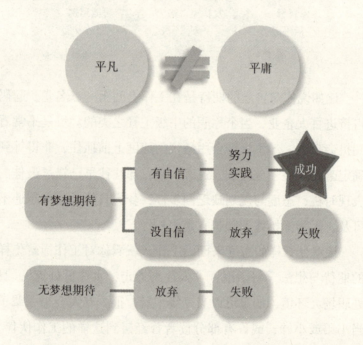

经过追根究底的剖析我们能发现，许多消极表现者，不是因为没有梦想而不积极，是因为没有信心所以不积极。一个到不了的地方，不会促使人们背起行囊出发；一个实践不了的目标，也同样不会促使人们朝那个方向进行努力。可是，问题在于，没有出发你怎么知道到不了，没有努力你怎么知道办不到？无论如何，我们起码得试一试啊！这才是积极力的真谛！

注意到了吗？这同样是个因果循环的问题，我们可以选择将目标放在心里，然后因为自觉办不到而消极以对，最终获得印证，原来真的办不到。然后怀抱着这样"亲身经验"与"铁证如山"，再下一次有新目标出现时，继续消极以对，结果是什么应该不难料想，一次一次……一次一次……但我们还有另一种选择，选择相信自己，选择努力地实践，选择以积极力展开正向的循环。

说到底，"尚未达成的目标"就是人类自我鞭策力量的来源，因为种种要求与期盼，都得经过实际的追求，才有可能实现，光凭想象，目标永远只是目标。就好比想到达某个地方，就算再怎么近也得换装出发，方有抵达之日，但出发还只是第一步，至于旅程中要靠双腿步行，还是选择搭车、坐船、开飞机，就得看个人积极力发挥得有多彻底了。

个性决定命运，态度决定高度

常听人说"工作有三百六十五行，行行出状元"，话虽如此，但是，不见得无论每个人选什么行业，都能成为状元。努力固然是成功与杰出的必要条件，却不是"等号"，既然努力也不一定能成功，那么每天这么辛苦拼命又为什么，还不如直接放弃算了?! 如果你也这么想，那么建议你赶紧改掉这样的负面思维吧! 这就是最最标准的消极想法，无论是对职场工作或是对日常生活，乃至于人生规划，都是有害而无益的啊!

努力和成功之间虽然没有等号，但是，不努力和不成功之间却有呀! 况且，在工作中努力付出也不会是一无所获的，起码它能保证我们远离失败，不容易被淘汰，积极能为职场人带来的好处与可能性，其实远远超过我们自己的认知。

回过头来谈"行行出状元"! 有了"努力"这个基本配备之后，还欠缺什么、需要什么呢? 还需要你对自己的了解与认识。唯有了解自己、认识自己，才能做出正确的选择与判断，将自己放在正确的位置上。这么说吧，业务高手很可能对企划一窍不通，高阶研发天才很可能被最寻常的行政工作打败。

新鲜人小柯身上有许多特质，说明了他很可能成为一名业务高手，只要藉由时间与经验的磨练，业务营销领域一定有他发展的一片天。可是，因为对业务工作不够了解，再加上周遭亲友给予的负面意见，让小柯心生胆怯与排斥，虽然明知道那很可能是创造高收入的直接路径，却还是选择放弃，以一般人印象中较为安稳的企划，作为他初入职场的第一份工作，结果还真是一场灾难。

　　个性活泼的他其实一点也不享受"成天窝在办公室里"的安稳，企划工作需要大量的创意，创意他有，可是在有趣的创意被做成结果呈现出来之前，需要经过烦琐且庞大的资料搜集、分析，这个过程对小柯来说不啻就是地狱般的折磨，而最最让他难以适应的，是他明明拥有敏锐的业务嗅觉，知道哪里该修、哪里该改，认为企划应该灵活地因时制宜，可是因为少了企划力来归纳整理，所以让这样敏锐的业务嗅觉，变成天马行空、变成朝令夕改、变成空泛无内容……

　　主管因为他永远赶不上进度而十分头痛，同事因为他不停地提出修改需求却无具体建议而大伤脑筋，没有多久的时间，新鲜人小柯已经成为麻烦小柯，主管不知道该怎么用他，同事不知道该怎么和他配合，他工作不认真不努力吗？不！他十分积极，可是归根结底，企划终究不是适合他的位置。在永远得不到认同感与成就感的状态下，小柯打算黯然退场，正准备提出辞呈之前，一场在吸烟室的意外邂逅与短暂交谈，却为小柯的职场生涯带来新的契机。

Positivity

过去为了跑签字，小柯曾与业务部主管有过几面之缘，主管对这个勤快的年轻人也小有印象。吞云吐雾之间浅谈几句，大概了解小柯当下的情况，虽然小柯没有说些什么，但业务高手总是有敏锐的观察力。也因为他即便预备离职了，却始终没有口出恶评与抱怨，这一点让他对小柯的印象分数，又再往上加了好几分。最关键的是，常年经营业务工作，使这位主管一眼就看出小柯分明是业务人才，工作上的不顺遂只是因为摆错了位置，那么，将错误导正回来不就得了吗？

　　经过一番沟通协调，总之最后的结果小柯调职业务部，而原本让企划部头疼不已的麻烦小柯，到了业务部却如鱼得水，很快就有亮眼的工作表现，一扫之前的阴霾，也让他重拾工作的信心与热诚。

　　现在的小柯完全能独当一面，而这一段"从执行力与创意力的两光小企划"，变身为"年薪破百万、营销能力备受肯定的 top sales"的奇异过程，也时常被他挂在嘴边，与后进人员分享，希望让每一个在工作岗位上遭遇挫折而失去自己的新人了解，不是你不够好，而是你不了解自己，把自己放在错误的位置上了。与其反复纠结沉溺，不如赶紧跳脱不适合的职位，另谋成功的春天！

　　一入职场有何发展，决定的关键脱离不了个性与态度两大项，所谓"个性决定命运，态度决定高度"。职场个性，可以理解为你想做什么，那么职场态度，就是你决定怎么做！

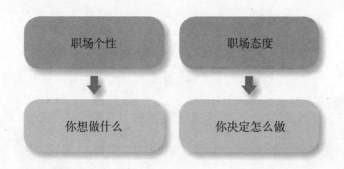

　　通过对自己的认识与了解，分辨出想做的事情与会做的事情，如果两者有共同的交集，想做的事情、喜欢做的事情，同时也是你会做的、擅长的，那真是再幸福不过了！但不见得人人都能这么幸运，倘若思前想后你发现，自己想做与会做的事情并不相同，那么建议你将想做的事情当成兴趣，闲暇之余拿来陶冶心情，而说到工作，还是应该以会做的、擅长的事情为主。但是这么一来，岂不是没办法在工作中寻找乐趣了？请放心，恰恰相反！人都是需要被肯定与被鼓励的，旁人给予的正面反应是一种最大的助力，帮助我们真心地喜欢上自己，也包含自己的工作。只要你选择的是自己擅长的事情，既然擅长便势必做得好。而只要有好表现，各种成就感，无论是来自外在的赞美或是内在自发性的满足，定会源源不绝而来。想一想，做一件让你不断感到愉快的事情，难道你还会排斥它，不会衷心地爱上它吗？

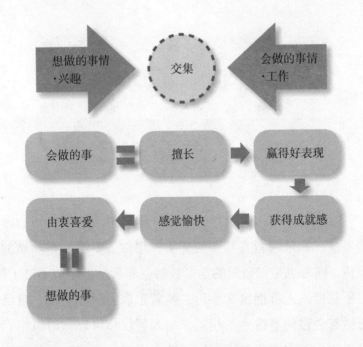

　　那么选择喜欢做的事情，不是也一样会由衷地爱上吗？是的，选择自己喜欢做的事情，当然不会出现排斥心态，可是却不能保证也同样会获得愉快与成就感。除了前文所提及的实例故事——小柯，再打个更简单易懂的比喻，喜欢唱歌的人，不一定就唱得好，也不一定能当歌星，不是吗？

　　通过个性找到适合自己发挥的天空，是决定职场命运的关键。而在这片天空之下，你会描绘出怎样的画面，让自己上升到哪种高度位置，就要看你的态度——怎么做！往正确的地方发展，以精益求精的态度来追求完美，这就是一个具备企图心、具备积极力的人应该朝向的标的，也是前文曾一再提及的观点：想要看到什么样的风景，就得爬到什么样的高度；而想要爬到什么样的高度，就得付出相对应的努力。共勉之！

　　无论是在团队内，和自己的工作伙伴展开良性竞争，或者是面对团队外的商业竞争，要想胜出，积极都是不可或缺的要件。而你什么时候开始愿意抛开得失，不计算付出与收获，只是想着多争取、多表现，将所有自己能力范围所及的事情，都当成是自己的责任，工作对于你只有"会或不会"的差别，没有"要或不要"的问题。当这样的时刻来临，就是你即将起跑，拉开与旁人距离的时刻了！

为什么你应该勇于接受挑战

　　在深入探究原因之前，我们或许应该先修正问题。严格地说，将"为什么你应该勇于接受挑战"？调整为"为什么你应该勇于接受所有可接受的挑战"？似乎更为贴切与适当。很明显地，这个问题本身已经是一种回答，它告诉我们，并非所有的挑战我们都应该无条件地一律接受，而是应该有所选择。既然有选择，就会有所谓的标准，那么它会是什么？能力范围就是标准！

　　每天从踏进办公室，进入工作状态开始，就是一个个问题接踵而来，等着我们去解决的开始，若要说，工作就是不停地处理问题，相信绝大多数的上班族都会大大赞同。而在这些无穷无尽的问题里，有一些是我们熟悉的，时常被称作"例行公事"，它们往往占据最大比例，或许不是那么费心，但却是很费力。例行公事之外的，大多就是挑战了！

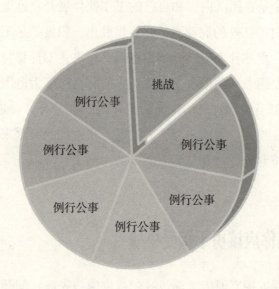

　　在职场里所说的挑战，可以粗略地解释为超出自己经验以外的任务，简单地说就是没做过、没接触过的！而在这些陌生里，其实也另外有难易的分别，举凡你无法想象的，束手无策的，完全不知道该怎么办，甚至连找谁搬救兵都不晓得的，就属于高难度。如果是一些虽然你没实际操作过，但有相似的经验可供参考，或者是在能力范围内可以想象、规划该如何处理，不是全然地毫无头绪，甚至可以发挥"没吃过猪肉，也见过猪走路"论点的，那么就能被归纳为低难度。

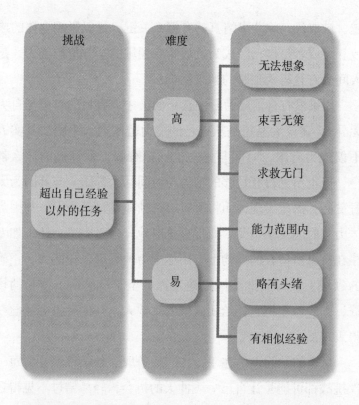

挑战　　难度

超出自己经验
以外的任务

高

无法想象

束手无策

求救无门

易

能力范围内

略有头绪

有相似经验

　　注意到了吗？如何界定、如何判断，都是从"你"，作为出发点，因此很可能某一件对别人来说是难如登天的任务，对于你来说只是"一小块蛋糕"，也可能你觉得万分困难的事情，对旁人来说只不过是"一片饼干"罢了！所以，在接受挑战的选择上，标准是主观绝对而非客观相对的，无须与他人比较，担心某件事情做不到，是不是就代表自己输了，或者是能力上不如那个办得到的人，你们不过是各自拥有不同的发展领域！同理可证，千万也不要因为自己能做到某件别人无法达成的事情，就自得意满地以为永远无法被超越、被取代，除非事情真的有那么关键，足以影响全体的成败。又或者是你已经成为挑战所有领域的全方位职场人，是人间少有且得天独厚的超级精英！

如果没有自信成为万中选一的天才（盲目的自信与自大无异），建议大家还是从自己的能力范围内入手吧！其实人不仅能力有限，时间与体力也同样有限，就算真的什么都会，但也不见得有足够的精力与时间什么都做。与其因为太过贪心，渴望表现，而将所有事情独揽在自己身上，却因为体力与时间无法负荷，而捉襟见肘地样样不完美，还不如专注在自己所擅长的事物上，用尽全力地表现，让能力在正确的领域上，得到淋漓尽致地发挥。至于自己所不擅长的挑战，则应该要把它让给团队里的其他人，其他有机会藉此获得表现的人。

真正的学问恐怕在于，什么该争取、什么该退让？每一次挑战都可能是让自己一飞冲天的机会，轻易错过不见得还会有下一回，所以，"宁可错杀三千，不能放过一个"？错！大错特错！

千万不要把灾难当机会，绝对要分清楚"想做"与"能做"的差别，能力范围之上的，并非完全不能挑战，还是得看程度。举例而言，平时爬楼梯，爬个五楼就气喘吁吁，但今天目标在七楼，多走两楼虽然会让人更加疲累，但不至于办不到，这就是一种适当的挑战，也能增加挑战者自身的极限容忍度，即使超出了能力范围，接受亦无妨。但是，如果今天的目标是挑战台北 101 大楼呢？五楼与之落差，已不能用超过能力范围来形容，若贸然地"勇于接受"挑战，铩羽而归的几率即便没有十成也有九成九吧！

"一枝草一点露"，团队之所以成为团队必定有其道理，虽说就算身处团队内，仍要保持竞争力，但是你们之间的竞争其实是架构在团队合作的前提之下，除了竞争，也不能忘记你们有彼此相互帮助的义务。团队里的每个成员角色，都可能有各自的个性与专长，降临到你身上有如灾难般的挑战，如果是同侪能够发挥的机会，那么我们就应该回归到团队的本质——利人利己，来进一步考虑，除了让出发挥的舞台，甚至是从旁予以协助，以成就对方的成就为努力目标亦无妨，此时正是展现团队向心力的最佳时间点，就算最后成功的焦点不在你，但团队的荣耀、成就，仍为团队的每一成员所共享。

机会 ·有所表现
·加分

灾难 ·无法发挥
·扣分

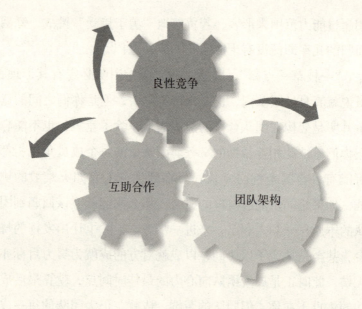

良性竞争

互助合作

团队架构

　　在棒球比赛里，没有人可以在场上既当投手又兼捕手，大家各有各的守备位置，并且坚守自己的责任范围，才能打出漂亮的一仗。纵使比赛中，众人的目光总是比较容易聚焦在投手的表现上，可是，不见得每一次的单场 MVP（最有价值球员）都由投手夺得，不管在什么样的位置，就算是助攻也会留下记录。不过，当好球来临，也别忘记使尽全力一挥，分数就像荣耀、就像成就，不仅是属于团队的，也会记在你的个人纪录上，而这一挥，同样具备多重意义，不仅是为了自己的表现，也是一种身为团队一员，为团队争取胜利的义务。

【不花钱就变强】

具体实践"坐而言，不如起而行"

考虑再多缺乏行动也是枉然。有时候越是简单的事情，人们越不积极，例如账单已经放在茶几上好多天了，只要拎着钥匙拿起它，走出家门，在巷口的便利商店就能缴费，可是只要想到的时候没有立即行动，这张账单被放过期的可能性，立刻大增50%。工作也一样，只是简单的文件归档、打个电话、回复几封电子邮件，想到时能顺便处理就处理吧！积极者行动效率高，能帮自己省下更多的时间来做更重要的事情！

养成时刻记录的习惯

再者，平时想事情的时候，除了大脑运转，其实双手也可以配合一起动作，不管是用笔记录思绪，或者是在键盘上敲敲打打，不用考虑格式是否工整，只要想到什么记录什么，当最终结论出现时，只要再花上一点点时间来整理，基本的报告其实也就跟着成形出炉了！

善用正面思维

（1）相信自己

以"我相信、我可以、有机会"，取代"不行、不可能、办不到"，藉此推动积极力，展开良性的循环。面对难以解决的工作任务，除了自我检讨之外，也应该理性地分析，无须一味地将责任尽揽，认为是自己缺乏能力所致，它很可能只是一件你不擅长的事情罢了。

（2）自我鼓励

为自己找一句听起来最有感觉且充满积极力量的座右铭，藉此作为自我砥砺、自我打气之用，当意志消沉或行为趋向消极时，它往往能发挥无比神奇的振奋功效。

为自己创造好心情

（1）以听起来感觉舒服的声音作为闹钟铃声，让自己在愉快而非惊吓的气氛中清醒，准备迎接一整天的工作。

（2）用最得心应手的事情来当做每天的第一件任务，轻松且快速地完成将有助于提升后续工作的积极力。

Part 7

交际力 Sociability

人脉＝钱脉＝机会无限

有建设性的社交

人脉数据库的分类方法

绝对不要设限什么朋友才是你需要的朋友

培养人脉≠银弹攻势——小花费大成效的社交技巧

【不花钱就变强】

Part 7

交际力 Sociability

交际力原本是人类与生俱来的能力，看公园里面连路也走不稳的小朋友，虽然有的活泼有的害羞，个性略有不同，但他们却同样都具有交朋友的能力，就算原本互不相识，但只要在同一个沙坑玩上一下午，就能成为彼此的好朋友，这就是最原始的交际力。

从远古时代起，人类便过着群居生活，一直到二十一世纪的现代，这样的习性依然不曾改变，但面对团体、融入团体的能力却改变了，变得比较被动，甚至认为太擅长交际不是一件好事。而交际也开始容易和不安稳、没定性，或者是不诚恳等字眼相连接，仿佛长袖善舞与恶行无异。其实撇开负面眼光，从工作需求的角度来看，善于交际不仅对自己有好处，能为自己创造更多的机会，使成功的几率变高。就是对自己所身处的职场，也能带来正面的帮助。

一个团队里，如果每个人都愿意脚踏实地地工作固然好，但如果人人如此，面对工作只有一千零一种态度，在除了努力工作还是只有努力工作的气氛下，职场变得像工厂，人们看起来就像机器人，那多无趣啊！更糟的是，同一种人同一种思维逻辑，一旦有能力范围之外的挑战上门，岂

不是很容易全军覆没吗？但如果有个具备交际力的团队成员，情况就可能被一百八十度大逆转，除了能注入灵活的新思维之外，良好的交际能力也是获得资源与支持的双重宝库啊！

人脉 = 钱脉 = 机会无限

在谈人脉对于个人发展和交际力之间的关联前，我们应该先来定义，何谓人脉。简单一点的说法，人脉其实就是小于、等于你的人际关系，是一个以你为中心点，向外架构辐射的脉络。每个人的人脉都不是单一独立的存在，而是与脉络上的每一个独立点，层层叠叠地共生共存。这么说吧！在你的人脉里，或许囊括了数个以其他人为中心的人脉，或许与某人的人脉有高度重叠（通常发生于同辈的朋友、同时期进入公司的工作伙伴之间），也可能是在某人的脉络下完全被包覆（比如说研究生的人脉大多来自于指导教授的人脉）。

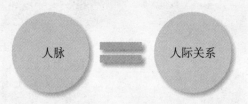

为什么说人脉小于或等于人际关系呢？这就和交际力有关联啦！交际力比较高明者，能让人脉趋近，甚至是直接等同于自己的人际关系，交际力越薄弱者，其人脉的广度与深度可能就与人际关系有一段距离！

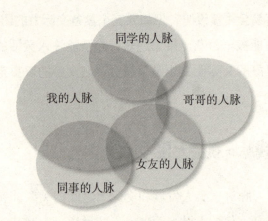

　　这里所谓的人际关系，可以很粗浅地解释为你认识的人，或者在工作上、生活上，与你有交集的人。有些人会误以为，人际关系等于人脉，但其实两者之间从意义上来看，可是有很大的不同喔！人脉，应该是在必要时，有意愿也有能力，提供你诸多有形或无形的帮助，像是最直接的金钱，或者是最管用的机会。

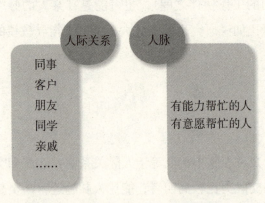

　　在你的人际关系图上，有的人或许十分热情，愿意两肋插刀，但当情况来了，需要朋友伸出援手时，他却可能有意

愿，但没能力。反过来说，每个人或多或少也都认识这样的"朋友"，明明有办法也有能力，可是却不见得愿意在关键时刻拉你一把或推你一下。无论是前者还是后者，这两类人虽然同时一起建构了你的人际关系，却没有进入你的人脉里。

那么人脉等于钱脉又是怎么一回事呢？同样拜信息爆炸之所赐，每天我们反复制造与消化各种信息，除非是真的太不长进的懒惰虫，或者是天赋异禀的超级天才，否则绝大多数的人，都握有相似度极高的背景条件，高学历、第二语言能力、各种专长……想要筛选出条件"同样"优秀的人真是一点也不难，在这种齐头式的平等之下，人脉便成为最佳跳板。

通过熟人的引荐，我们可能比某些人脉不广的竞争者更容易进入理想的企业，在好的工作岗位上努力（当然还是要通过努力），事半功倍的几率大增，名利双收不是不可能。

通过可靠人士作为消息来源，早一步洞悉投资市场的脉搏，以拦腰建水坝之姿，轻轻松松地以逸待劳，即使是小规模小范围的投资，也可能享有丰厚的获利。

诸如此类的案例实在太多，不胜枚举，你只需要记得，美国好莱坞流行一句话，说一个人是否能成功，关键不在于 what you know（你知道什么），而在于 whom you know（你认识谁）。

你知道什么 ➡ 能否成功 ➡ 你认识谁

如果你以前不屑或不擅长经营人际关系与人脉，那么从现在开始，你就应该好好地为自己累积这项重要资本了。或多或少有过这样的经验吧！原以为交集不深的两个人，竟然有共同的好朋友，让你们不免赞叹："世界也未免太小了吧！"起初那种有点三分熟的陌生关系，因为相同的朋友而被拉近了，假以时日的交往，除了通过自己原有的人脉，认识新人脉之外，还能再通过新人脉，拓展更多更无限的可能！从原有的人脉着手社交，这才是最快速也最平稳的人脉建立法则。赶紧想办法通过这样的概念，把世界变小，变小，再变小吧！

朋友的朋友的人脉

朋友的人脉

自己的人脉

在你的人脉网络上，宽度代表组成成员的多寡，深度代表彼此情谊的厚薄，而只要宽度越宽、深度越深，这张人脉网络能带给你的机会就越大。当然这还有一个大前提，是你得要会用，如果空有人脉而不懂得恰当地运用，财富不会自动钻进你口袋，机会也不会从天上掉下来。至于人脉该怎么用，靠的其实仍然是负责积累它的交际力。

有建设性的社交

交际力其实有许多同义词可替代，比如说人际关系、公关能力便是两个。我们对人际关系的解释大多是与旁人之间的相处状态，所以后面可以接上各种正面与负面的形容词，好比人际关系融洽或人际关系疏远。至于公关能力，则是在人际关系下，处理与面对各种状态的能力，比如说融入群体中，或者擅长照顾落单者之类的。而这一切，无一不属于社交行为。

交际力 ＝ 人际关系 ＝ 公关能力

回过头来谈谈刚才说到的人脉吧！以上种种社交行为的结果，时常具体反映在人脉的广度与深度上，因此如果期望人脉有什么样的成长，往往就需要对应实践某些社交行为，最简单易懂的例子就是希望某人对你有好感，因此会刻意做出一些讨好对方的行为。

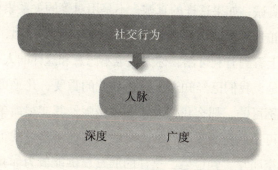

社交行为

人脉

深度　　　广度

但是在职场上，却不建议你这么做！不是不能讨好目标对象，而是不要你以"利己"为唯一出发点，甚至为了达到目的，扭曲自己的本性也无妨，比如你原先对红酒根本一点兴趣都没有，却要为了讨好某位重要关系人，而刻意研究，表现出热衷。

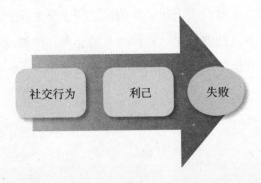

人脉是备而不用的秘密武器，平时养着收着，真要到关键时刻才派上用场，并不是因为怕随便用掉，似乎有些浪费，而是应该懂得珍惜别人愿意为自己付出的心意，虽然对方是自发性的，但不表示我们就不欠人情。在这样的大前提下，珍惜是因为在乎而不是怕可惜。

每一个集结成为你人脉网络中的个体，都有着愿意为你付出的真诚，如果这样的真诚，不是用对等的关系累积而来，那么恐怕也不会长久。倘若有个人与你接触的原因，是因为在你身上看到有利可图，你大概也不愿意和这样的人交心吧！

但是，我们已经知道人脉是如此的重要，几乎可以说是非累积不可的，那么我们应该怎么做呢？其实很简单，以诚示人即可。以交朋友为目的去交朋友，而不是以找个帮手为目的来交朋友，到最后，这样的朋友反倒能成为你真正的帮手，这才是真正具有建设性的社交行为，虽然不以"利"为出发点，但是你将会自然而然地有所收获。

前文所提的，是在职场上交朋友，建构自己的人脉网络，未来可能的用处将十分广泛，除了在工作与事业领域之外，因为是朋友，所以对私人与家庭生活也多少会有点涉及吧！

可是，职场上的人脉不是只有一种，除了以真心真诚相交的朋友之外，以客户群、老同事、老主管、前任老板等各种不同职场角色组合而来的，则是你的职场专用人脉。这种人脉群的特色是范围往往不大，但里面的成员各个都很管用（不过也仅限于工作方面的协助），当你有个新技术怎么想也想不出解决方案时，前任主管或老同事便成为你搬救兵的最佳对象。像这样的人脉群也同样需要社交行为来维系。平时就应该保持联络，不定期地主动释放出关心，以维持当初一同工作时的基础熟悉度。如果从工作岗位上分道扬镳之后，你就连一个电话也没打过，一封信件也没发过，那么这个原本就不怎么大的职场人脉群，只会加速萎缩。

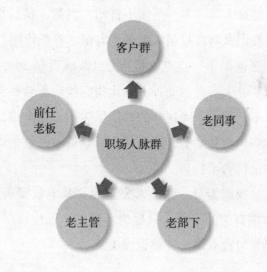

世界上愿意不计较得失来帮助他人的人非常多，但是却没有几个人喜欢自己被利用。虽然从旁人的角度看来，两者之间似乎没有多大差别，同样都是得付出，可是对当事人来说，主动与被动的感受却完全不一样。将心比心地想，便能知道在建构个人人脉的过程之中，应该怎样发挥交际力。千万不要心存侥幸地自以为聪明，以为在交际的过程中隐藏真心也无妨。人都是有感觉的，尤其遇到了某些负面情绪，如做作、虚伪与谎言，感觉只会更为敏锐。

人脉数据库的分类方法

大脑容量虽然大，可是记忆却是一种很不稳固的数据，光凭大脑的一套记忆系统为正本，缺乏备用系统的对照，你我都很可能被大脑"骗"了而不自知，当然，我们的脑袋不会刻意与我们做对，只是人脑天生有记忆补偿作用，当一段完整的记忆遗漏了一点点，也许是 1% 或者是 5%，我们记不起来的部分大脑会自动补上，让我们丝毫不会察觉，自己其实根本不记得了，而这样的补偿虽然不一定全错，但也不一定全对啊！与其瞎猜，还不如一开始就做好数据库，别为难自己的记忆力了！

首先，我们需要一张非常完整的"基本数据表"，所有与个人数据有关的字段，只要想得到的，都应该尽量列出，就算信息暂时没有那么完整也没关系！

基本数据表			
身份种类 □客户群 □老同事 □老部下			
□老主管 □前任老板			
认识的时间与状态：			
姓名		性别	
生日		生肖	
星座		血型	
婚姻状况		家庭状况	
子女人数		家庭电话	
移动电话		公司电话	
公司名称		职位	
		工龄	
家庭住址			
公司地址			
电子邮件			
学习记录			
工作记录			
兴趣爱好			
个性描述			
其他			

接下来就可以针对不同的身份种类，将自觉值得被记录，日后有可能需要查询的数据项，一点一点地列出来，然后利用你所熟悉或惯用的软件，Excel 也好，高难度一点的喜欢用 Access，或者喜欢用 Word 文档的形式记录也没问题。以下分别列举部分代表之：

□客户群

- ●接触过程中，令你印象最深刻的一次……
- ●对什么样的商品（或服务）情有独钟？
- ●验收时最在意的点是……
- ●通常需要经过几次讨论才会下决定？
- ●记忆中交涉失败的经验是因为……

□老同事 / □老部下

- ●最擅长的技术领域是……
- ●以前曾经帮过我的忙吗？
- ●自己本身人脉是否很广？
- ●目前所从事的产业和我有没有直接关联？
- ●过去曾一起合作过某个项目，非常愉快或非常悲惨？
- ●属于开创性的，还是维护性的？
- ●曾经负责过的哪个项目表现很出色？
- ●在哪个项目上出过大差错，是哪种差错？
- ●他还同哪些人保持联络？
- ●当初在公司里，他的人缘好吗？人脉广吗？

□老主管 / □前任老板

- ●他对我的评价是高还是低？

- 他是个大方的主管吗？我任内加过几次薪？
- 他最擅长的技术领域是？
- 他认识哪个产业界的名人？

人脉除了应该要分类建档，也应该适时地维护！定期检查这些档案数据，进行汰旧更新的工作，将不合时宜或是早已失去联系的数据剔除，如果某个人有某些值得标记的新变化，也应该修改记录，如果只是将数据输入之后，就从来不理会它，那么充其量也只是一堆没有意义的个人数据，称不上人脉数据库啊！

就好比遇到疑难杂症，需要上网找数据或到图书馆翻书，而当有需要使用到人脉来帮忙时，若有座人脉数据库，将可以协助你将重要资源（人脉）花在刀刃（对的事情）上。

人脉数据库的分类方法没有一定的规则，以职场运用来说，不同行业种类或许适合不同的分类法，不同的职位对人脉各自有不同的运用，以下仅针对一般情况来介绍，你也可以依照自身的使用需求加以修改，成为你专属的人脉数据库分类法。

绝对不要设限什么朋友才是你需要的朋友

人的发展实在很难下定论，今天在科技行业做得好好的，难保哪一天不会来个急转弯，朝文化产业努力。所谓世事难料，天底下什么新鲜事、什么可能性，可以100%笃定地说不可能发生呢？所以，今天你不需要的，明天很可能就是助你一臂之力的关键力量。人都可能会改变，你是这样、别人亦然。俗话说，"人情留一线，日后好相见"，不管今天对方和你之间的距离，有多么地八竿子打不着，仍然应该保持弹性与和善，说不准哪一天，八竿子打不着会变成一竿子打翻一船人，而你和他，就是同一艘船上的人啊！

掌握上述原则，就是掌握人脉养成的第一步，接下来则应该试着去了解，从不同的人身上，发掘出不同的优点。

每个人都有很多面，就算是在同样的环境下，也可能会因为不同的心情，或者是不同的遭遇，做出不同的反应，而这些"不同"，其实都很值得我们从旁观察，只要是优秀的、精彩的、杰出的，不用客气，通通学起来！如果有什么比较负面的，也应该藉此提醒自己留心。人人都可能，都可以是你的老师、是你的镜子，差别只在于你想向对方学习什么，你想从什么角度反射照映你自己。

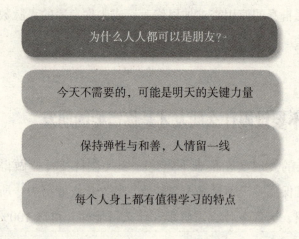

为什么人人都可以是朋友？

今天不需要的，可能是明天的关键力量

保持弹性与和善，人情留一线

每个人身上都有值得学习的特点

画地自限无疑是一种自我屏蔽的行为，给自己的限制越多，被阻断的机会与可能性也越多，和什么人交朋友也是一样的道理。一个人就算再聪明再厉害，仍然是一双眼睛两只手，纵然大脑的分析运算能力强，但是手眼能接触与吸收的始终有限，而朋友真的好比一扇扇门窗，可以为你带来不同的风景，交际力越好的人，朋友越多，而朋友越多，通过他们所得到的信息与帮助就更多，也因此才有这么一句俗语的出现："有钱不如有人！"可见人脉对于事业，实在是有难以取代的重要性。

　　大多数的时候，我们会谈从朋友身上获得什么，但其实如果只是一味地索取而无回馈，这样失衡的关系势必无法平衡、无法长久。因此我们也应该问问自己，自己能付出什么？只有做到双方互惠才有良性循环。

培养人脉≠银弹攻势
——小花费大成效的社交技巧

　　有些不擅交际（其实很可能是拒绝交际）的人会说："交朋友培养人脉？谁不会啊！不就是到处吃吃喝喝，到处走走玩玩，在这样的过程中搏感情，有时候甚至得负责买单，不是吗？只可惜我既不是阔少也不是千金大小姐，这种游戏我玩不起啦！"

不可否认的，有时候交际应酬的确得付出一点实质的代价，但这可不表示人脉都是用钱堆出来的，严格说来，人脉是用心堆出来的！

当然实际生活中可能会碰到一些例子，出手比较阔绰的同事时常呼朋引伴地去哪去哪了，只要他一出现，身旁似乎总有许多人环绕，但，那并不见得等于人脉广。所谓的人脉，应该不只是泛泛之交或酒肉朋友，彼此有相当程度的理解与相互认同，或者是欣赏对方身上的某一个特点，因为这些理由，所以才愿意将自己的资源，挪拨给他使用，能够被称之为"人脉"的，在某种程度上，双方应该是有些相知相惜的。

再者，时代真的不同了，因为互联网的盛行，人与人之间的关系在同一时间，变得更紧密也更疏远了！紧密的是通过两块四四方方的屏幕，网络上也能找到莫逆之交，而且普遍来说，网友似乎比真实生活中的朋友更大方，愿意提供的协助往往超乎你原本的想象。疏远的是，有许多人在网络上神交了很长的一段时间，相互分享心事或烦恼，也为对方解决了不少疑难杂症，但却连一面也没见过，甚至是连最基本的长相都不知道！

通过网络，我们每天可能遇见许许多多的人，MSN、腾讯微博、新浪微博、脸书、博客，多种渠道让我们与其他人交流往来，看起来似乎颇有交游广阔的错觉，事实上，网络虽然让我们每天与许多不同的人保持联系，关心彼此近况维系感情，但这些人不见得就是我们的人脉，想将这些人际关系深化为人脉，仍需要更多的互动与付出。

无论是在实际生活中，还是在网络世界里，想要建立人脉，都应该从自我交际力的培养开始，希望成为对方欣赏或喜欢的人，只有以友谊作为出发点，才能真正建立起在日后为你所用的牢靠人脉。

●多参加各种聚会活动，或者是网络社区，以扩大交友圈为首要目标。

●利用搜集来的数据进行人脉数据库的练习，逐笔输入与回忆的过程，可以帮助你更了解这个人。

●不管是新朋友还是老朋友，都应该维持一定的联络频率，太频繁的话容易让人觉得困扰，时间拉得太长则容易让人想不起来你是谁。以新朋友来说，初认识时，第一个星期可以先以电子邮件的方式打个招呼，加深印象，此后周期大可以拉大到一至两个月，或者是在某些特殊节日，如对方生日、新年之类的，给予不长不短的恰当问候，也让自己在对方脑海里维持一定的记忆新鲜度。

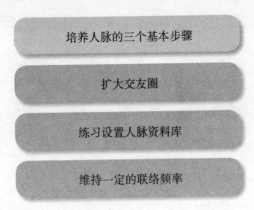

培养人脉的三个基本步骤

扩大交友圈

练习设置人脉资料库

维持一定的联络频率

没有谁天生应该要帮助谁，所以也没有什么人受到帮助是理所当然的，当这些不是必然的事情，发生在我们身上，我们是不是应该懂得感谢与回馈呢！除了口头上的谢意，或者是送礼物聊表感激，其实最实际的方式，就是下次换你主动提出协助。人脉关系是双向而非单向的，你也可以是对方的人脉啊！而如果能在对方开口之前，主动察觉需求，进而提供帮助，这不仅是最实际，同时也是最窝心的回馈了。

【不花钱就变强】

MSN

优点：最普遍，大多数人已累积相当程度的人脉（联络人）在其中

缺点：容易中毒遭受攻击

部分企业封锁 MSN

腾讯微博

优点：与最大的门户网站相结合，使用方便

缺点：比较新，了解的人还不多

新浪微博

优点：网络版不占空间

短文短图，不用花费太多时间

短时间内可以结交许多新朋友

脸书

优点：可重建过去人际关系，其中或许隐含人脉的可能性

联结关系强，很容易扩大交友圈

缺点：有缺乏隐私的疑虑

博客

优点：有新浪、搜狐、网易等多种选择

可以随心所欲地配置，适合想要自我表现者

缺点：图文编辑耗工费时

Part 8

沟通力 Communication

Part 8

沟通力 Communication

传统的家庭生活里，父母亲等同于绝对的家庭代表，尤其是时常扮演严父角色的爸爸，一声令下，子女大多没有表达想法的余地，照办就是了！同样的情况也时常出现在学校生活里，师长说的话就是规矩，学生不听便等同于犯错，各种记过、警告等罚则等着发出，彰显权威。而职场呢？情况也没有好到哪里去，主管的错误由下属负责扛，老板的决策员工甚至没有权利在私底下妄议……总之，上与下之间的关系是单向且闭锁的。

然而，随着社会的进步与开放，权威的时代已然过去，无论是在家庭、学校或者是职场环境中，早期绝对的上下关系已日渐模糊，虽然仍然有上下结构的差别，但是不同阶层之间，是允许（甚至也可以说成欢迎）有交流的。无论身在什么环境、扮演什么角色，家里的父母或子女，学校的师长或学生，职场上的主管与部下，人人都有表达意见的权利，这就叫做沟通。

可是，虽然人人都有沟通的权利，但却不见得人人都有沟通的智慧，是否擅长沟通，取决于沟通力的高低。沟通？不就是说话而已，那还不简单吗？怀抱着这种想法的人，大多属于沟通力不强的人，原因有二，其一是沟通不只是单纯的说话那样简单，其二是说话也有技巧，也有会说与不会说的分别。通过以下的篇章，一起试着提升自我沟通力吧！擅长沟通能让人在职场团队运作中，更加游刃有余，事半功倍啊！

舌灿莲花 ≠ 沟通能力

所谓的沟通，绝对不是单纯的讲话而已，言语甚至只是众多沟通形式当中的一种（其余还有文字、表情、肢体语言……）。稍有概念的读者可能会想，沟通不只是讲话，还包含了听人讲话。这样的描述虽然正确但还不够精准。针对沟通，比较完整一点的解释，应该是"我们表达了什么，同时也确定对方所接收到的，和我们传达出去的一致。我们接收到了什么，同时也确定对方真的就是这样表达的。"除了有来有往之外，还得要确认接收与传递的正确性，这样才是完整的沟通。沟通，是双方面的事！

在工作场合中我们特别需要沟通。对内，充分且有效率的沟通，能让团队维持一致的步调，就好比玩二人三足的游戏，一快一慢只会跌倒收场，两人的脚步节奏相同，一步一步地稳步前进，反而可能率先抵达终点。对外，沟通则是一种保持竞争力的方式，有时候光有好的产品与服务是不够的，还得通过良好的沟通，以确保客户能对我们产生认同与理解，这样才可能大幅度提升合作成功的几率。

| 对内 | ← | 维持团队步调 |
| 对外 | ← | 保持竞争力 |

某些时候，人们容易误将"口才好"视作"沟通力好"，不断地寻求各种训练方式，希望能强化沟通力，其实到头来变灵活的只有口才。可是，两者之间并没有绝对的关联性啊！口才好的人可能非常具有说服力，但却不见得也同时具备良好的理解力（当然也可能是不愿意或没时间理解），因为只有单向输出，少了输入与回馈，所以与真正的"沟通"，尚有一段明显的差距。

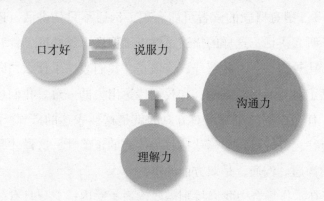

有些人擅长把事情讲得天花乱坠，听者往往在一阵一阵的信息轰炸中，迷迷糊糊地被迫接收与接受，或许是掏了钱买回一堆其实完全不需要的东西，也可能是报名某些费用高昂且须长期参与的课程。等到这样单向的、几乎与洗脑无异的交流结束之后，才恍然地回神，第一个浮上心头的必定是强烈的受骗感。在卖场或路边，有时能见到这类以强迫推销术在进行商品贩卖的业务员，可是他们总是不会长期出现，为什么呢？因为这样的方法大多只有在头一两次时管用，久了，别人连停下来听他们说话的时间都不愿意给。

舌灿莲花并不等于沟通力佳，充其量只是很会说，但如果能在很会说的同时，也多一点观察力，发掘什么事情会是目标对象最在意的症结点，从该处入手，沟通才可能得到良性反应。如果只是把一件消费者根本完全不需要的产品，形容得巨细靡遗，就算它真的好到无可取代也是枉然，就好比对着男士猛推销女性内衣一样徒劳无功！

沟通高手会怎么做呢？我们同样以男性顾客与女性内衣为例吧！面对陌生的可能客户，沟通力好的人不会光顾着说，而会先花点时间听，比如说先通过几句简单简短的招呼语，探探对方当下的心情如何。一些最平常的天气好坏或者是"用餐了吗？"来做开场白，再接着从对方的反应，看是意兴阑珊、大摆扑克脸，还是点头示意、笑容可掬。如果是前者，那么你的沟通最好精简一点，不以成交为目标，只要能给对方留个还不坏的印象就很棒了！这么一来，起码在日后有需要的时候，或许对方下次还愿意光顾你！倘若十分幸运的，眼前的男性顾客心情似乎还不赖，那么可以进一步观察对方是否有戴戒指，再藉由攀谈提问，概略地猜猜眼前的

人是单身、未婚或已婚，最后便从猜测的结果来判断，利用"太太会很喜欢收到女性内衣当礼物"、"这是给女朋友的最佳惊喜"等切入角度来进行沟通游说，让男性顾客与女性内衣之间，奇妙地突然在这一瞬间产生了关联。

还有另外一种人，成天用自以为是的方法来沟通，同样也很让人伤脑筋。大家或许都曾接过这样的电话，某些金融机构外聘的电话营销人员，带着甜美或有磁性的声音，不厌其烦地说明，希望电话另一端的人能成为自己的顾客，买份保险或是参加超低利息的贷款活动，可是，任凭他们解说得再完整，介绍得再清楚，真正能在电话里成交的几率并不怎么高，原因出在哪里呢？正是因为这些人的沟通力不佳！

光顾着说，却忘了听！大多数的时候，电话营销人员容易忽略沟通的重要，只是自顾自地按照公司所规定的内容来照本宣科，却忘了聆听电话那一头的心声。当你传达的信息并非对方所需要的，再多的语言也只是浪费双方的时间，更糟糕的是，倘若电话那头的人是真正地张开耳朵，把一切听进去了，因此产生疑惑、兴趣，进而将提出问题时，一味想传达信息，却没张开接收网的说话者，最常发生的反应就是当场愣住，完全地被问倒。这种状况就好比两人在玩传接球游戏，其中一人只顾着将球丢出，却忘了注意对方传回来的球，然后被迎头痛击，打个正着，多糗啊！

有效地沟通必须建立在对等互惠的态度上，意见传达者，应该考虑接收者的立场，以对方感兴趣的方式，提供他所需要的信息，这才是沟通的第一步。而像这样带着诚恳的传达，自然会提高接收者的聆听意愿，有来有往地完成你们之间的双向沟通。光是自顾自地说着，只会给人一种高谈阔论的负面印象。有时候长篇大论比不上一个关键重点，无须太多赘语，只要将中心价值确定植入，确定对方听进去了、听懂了，那么也就成功了。

沟通之前，先学会聆听

在前一节中，我们的主要论述重点，放在应该如何有技巧地说，而在本节里，则要与大家一起讨论如何有技巧地听。"说"的能力与"听"的能力同时兼具，才是最完整的沟通力。

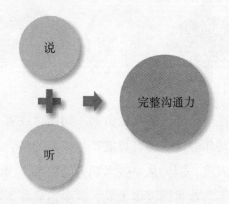

确定我们所接收到的信息，与对方打算传递的，是相同内容，这是在职场团队中，逻辑同步化的一个重要过程。事实上，如果要谈沟通，接收的重要性应该被摆放在传递之前，也就是"说"之前，得先学会"听"。

聆听　　表达　　沟通力

　　尤其是刚加入团队的新进人员，聆听更是一门重要的功夫。当彼此因为陌生而缺乏默契，相互不了解对方的表达逻辑，便很容易产生沟通障碍。在团队合作中，若因此而使得工作过程产生的小缺失倒还无妨，最怕的是嫌隙因误会而生成，一旦在心头放久了，没有经过妥善地处理，便有极高的可能性会累积成疙瘩，日后要再磨合、磨平，恐怕没那么简单，就算花费许多力气，无论如何也会留个印记在。

彼此缺乏默契　　沟通障碍　　不了解表达逻辑

　　有时候甚至只是很微不足道的一句话，或者是小到不能再小的一个动作表情，却有可能产生极大的误会。郑哥是一位资深技术人员，因为从事技术职务的关系，因此说话总是比较保守，不喜欢将话说得太满，以免造成聆听者的过度期待。保留一点空间让对方有惊艳的机会，这是郑哥面对客户时惯用的手法，这么做常常为他自己带来许多正面的评价，因此这种沟通逻辑，一直以来都是他奉行的职场哲学。因为技术卓越，郑哥被挖角到这个年轻充满活力的新团队，在这里他无疑是最年长的，也有最丰富的业界经验。这两点让他觉得，团队发展得好坏，自己比起其他人来说应该付更多责任，毕竟他的经验最丰富啊！没想到，才刚转进新团队没几天，还来不及彼此熟识、培养默契，他们就碰上了大项目，需要非常密切的往来沟通，而误会就这么产生了。

　　小敏在团队里担任的是项目经理人的角色，大家的进度需要交给她来统一汇总。对外的信息沟通传递，有时是向上报告进度，有时也得忠实传达老板的意见，每天都有做不完的文件、开不完的会，时常得面对一堆高高在上的主管或老板，压力之大可想而知。在这样的条件背景下，小敏最讨厌碰到爱摆官腔的同事了，或者是有意见从来不直说，老要等到她把所有内容整理好了，才会像放马后炮似地说："这里应该再改一改，会更好！"

　　结果，在人人赶进度忙得人仰马翻之际，每回小敏带着报告询问郑哥的意见，郑哥总是不给肯定答复，若是直接问："觉得这份企划怎么样？""觉得这个点子怎么样？""觉得这项设计怎么样？"举凡后面只要接上"怎么样？"三个字，郑哥的回答大概不脱"还好"与"还可以"，然后外加一记挑眉的表情。几天下来，终于把小敏给彻底地惹毛了！她私底下向好朋友抱怨："搞什么啊！新来怎样，资深了不起吗？大家做得要命累个半死，他一句鼓励话也没有，我们呕心沥血的结晶，在他眼里竟然只是'还可以'。我真想看看，在他的标准里，究竟得做到什么样的程度，才能让了不起的他开口说声'好'，他最好真的有那些人说的那么

厉害!""还有还有,每次跟他没说两句话,他就高高地挑起眉毛,一脸瞧不起人的样子,这才真是叫人生气。"

在小敏连珠炮似地抱怨之际,郑哥正为了团队作品而熬夜加班,甚至已经两个晚上没好好睡了。至于让小敏气极败坏的"还好"、"还可以",外加那个招牌的挑眉,更是误会一场。郑哥压根忘了,现在的这群伙伴,可都是不太了解他的新朋友。他忘得更彻底的是,三年前在上一个团队工作时,前任工作伙伴也为此抱怨过,不能理解为什么他明明觉得非常好,却习惯说成"还可以",而挑眉则完全是无意识的行为,和他对小敏的个人观感根本一点关系都没有!

其实,不只小敏对郑哥有诸多抱怨,郑哥对小敏的工作能力也颇有微词,他不能理解为什么大小报告、文件,小敏通通要拿来请他过目,难道就连这些小事情她也无法独当一面吗?这下子感到冤枉的人应该换成小敏了,平常这些事情都是她自己处理与决定的,要不是为了尊重新来的郑哥,她何须多此一举,浪费时间与心力呢?

别以为这些事情只有芝麻绿豆大,如果发生在你身上,自己肯定不会这么小心眼。这样的大话还是等实际经验过后再说,才有可信度。许多时候是说者无心听者有意,人们容易自动地对号入座,就像走进某个房间时,正巧看到两名同事从原本的交头接耳,变成急速分开,十个人里头会有九个人觉得对方正在说自己的小话。但那个看在我们眼里,像是急速分开的心虚之举,根本可能只是刚好讲完话,顺势分开,没有任何特殊意义的动作呀!

何来这么多的猜疑与误会呢？因为彼此缺乏了解，而了解也正是达成沟通目标的必要基础。最关键的问题来了，如何在最短的时间，了解你的工作伙伴，进而养成默契，以助双向沟通呢？答案就是多多聆听。

就算不是和我们直接对谈，光是在旁边聆听他人的对话，其实也很容易网罗到许多信息。好比说话的习惯，有人总是习惯性地在句末接一句"是不是"，这三个字对发话者来说，就像是句号而非问号，对方并没有期待接收者的回答，如果交谈的两人没有这种默契，接收者可能绞尽脑汁，用力地思考该回答"是"或者"不是"，而好不容易想出来也说出口了，根本没预期得到答案的发话者，说不定还觉得很奇怪，心想："你在说什么呀？"像这样的沟通就是失效且失焦的，因为发出信息的人想表达的重点，与接收信息的人所感受到的并不相同，而接收信息的人经过思考给予的响应，根本就不在发话者的预期与理解范围中。

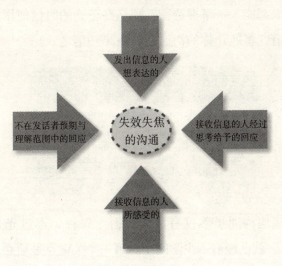

想避免沟通失效其实并没有什么高难度的诀窍，只要记住多聆听。除了听听别人说出口的话，也要听底下是否隐藏了弦外之音。再者，说出口的话或许可以骗人，但要脸部表情与肢体语言一起跟着骗人，往往不是那么容易，因此除了用耳朵听之外，眼睛也是一种能辅助你接收信息的感官，能帮你抓住语言之外的信息，无论是对方正想告诉你或打算偷偷隐藏起来的秘密。

多样化的沟通渠道

在职场工作中我们能使用的沟通渠道，大致可分为直接与间接两大类。所谓直接就是面对面，而间接则是指仰赖工具，例如电话、电脑等。每一种不同的沟通渠道，各有其特性，如果都能一一掌握透彻，那么在正确的时候使用正确的沟通渠道，将能让你的沟通达到事半功倍之效！

直接地沟通虽然仅有"面对面"一种，不过光是这个"面对面"就已经有不少学问了。第一个关键点是地点。

通常比较容易联想到可以面对面沟通的地点，大概不出会议室或茶水房吧！但除了这两者之外，午间餐桌上、楼梯口、电梯前，女生可能还多个化妆间，男性则聚集在吸烟室，这些地点按照特性，分别适合不同程度与态度的沟通！会议室的气氛比较正经严肃，适合进行复杂一点的沟通，尤其当你准备沟通的对象，职位高低和你不相上下时，利用会议室的气氛，可以化解一些人情压力与尴尬，让一切显得公事公办。

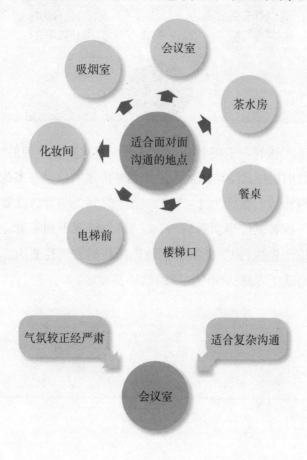

茶水房或午间餐桌上，则适合进行一些比较轻松的沟通，尤其是午间的餐桌上。吃饭时的气氛多半比较放松，上下级之间的关系也没那么鲜明，想要营造"朋友般"的对谈，在这个时候这种地方是比较容易的，就算沟通到最后，对方没有采纳你的要求与意见也没关系，反正一切都是随性且非正式地进行，无须感到尴尬。

至于楼梯口、电梯前，像这种仅有短短数分钟的时间，很适合用报告式的沟通。无论你想要传递的信息有多少，想办法将它融汇整理为2～3项，把握时间，一开口就要说重点，"我有三件事情要请教"、"请告诉我下列三者，哪一个必须优先执行?"提纲挈领地先抓住对方的注意力，后面的沟通就更容易达到你想要的结果。

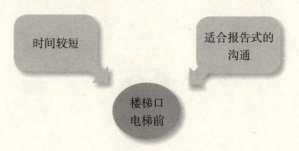

而化妆间与吸烟室，则分别适合纯女性与纯男性的沟通，沟通对象最好和你是平级关系，注意！最好不要在这种地方，主动地和主管讨论公事（如果是主管找你则另当别论），因为这类地点通常是让人最放松的，要是一谈公事又得上紧发条、保持戒备，故特别不适合由部下主导，提议主管级人物进行讨论。

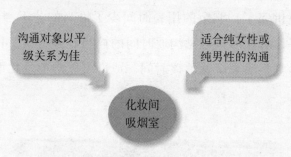

总之，决定进行面对面沟通的时候，几个大原则需要掌握住：

判断沟通内容

比较严肃的议题放在严肃的地方讨论。和请托或要求比较相近的，则可以找气氛轻松一点的环境。

考虑沟通对象

除非必要，否则最好别和主管级人物在非正式场合讨论太多公事，以免给自己营造公私不分或者是能力不足的形象。如果你打算沟通的对象是比较资浅的新进人员或是你的直属部下，则应该反过来，通过环境气氛，在容易放松的地

方，卸下对方的防备更好谈！

预估时间长度

站在电梯前，刚要进入沟通的正题，此时电梯却来了，那么对方到底是该走还是该留？相约一起吃午饭，想针对某个工作上的问题好好沟通一番，结果，前菜才刚吃完，事情就讲完了，剩余的用餐时间少了恰当的公事当配菜，气氛好像有点冷！可见沟通时间的控制有多重要，有时候通过沙盘推演来试着掌握时间，或许可以避免过犹不及的尴尬！

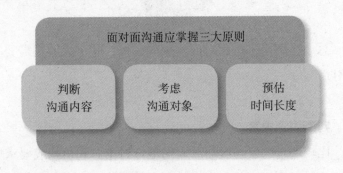

与面对面的沟通相比，间接沟通在职场上的发生频率似乎更高，尤其是对外联系，我们时常以电话、电子邮件来作为主要的沟通渠道。利用电话的好处是快速而直接，通过话筒，两方就可以进行一来一往的同步沟通，除了看不见对方的表情之外，这样的沟通模式几乎就和面对面地沟通没什么两样！不过利用电话来沟通有件事情得特别注意，虽然它与"面对面"十分相似，但毕竟不相同，少了脸部与肢体语言为辅佐，光靠声音无法支撑太久，因此建议以电话来作为沟通工具时，时间不宜过长，最好控制在十分钟之内。如果判断这项议题十分钟之内无法获得解决，那么或许应该先想想有没有其他比电话更适合的方法，还是在拨打电话之前，先整理个初步结论，以节省前面寻求共识的时间。

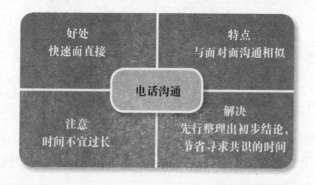

电话礼仪

　　不管用什么方式沟通，打招呼永远是很重要的环节，电话接通的那一刻，应该先问好，接着请教对方的身份，如果是直接拨手机或座机，则改为先确认对方身份，然后再报上自己的单位与姓氏，至此初步完成第一阶段。

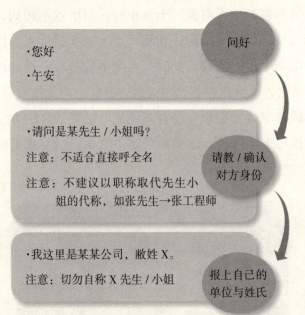

·您好

·午安

问好

·请问是某先生 / 小姐吗？

注意：不适合直接呼全名

注意：不建议以职称取代先生小
　　　姐的代称，如张先生→张工程师

请教 / 确认
对方身份

·我这里是某某公司，敝姓 X。

注意：切勿自称 X 先生 / 小姐

报上自己的
单位与姓氏

　　第二阶段则准备进入正题，为了确保接下来的沟通不会
因仓促而中断或失败，还是应该礼貌性地确认，对方现在的
情况是否适合使用电话沟通，如果不巧对方正在忙，或者正
与他人进行会议中，那么则应该明确地表示自己稍后再拨，
或烦请对方方便之时回拨，然后迅速地结束通话，以免给对
方造成更多干扰。

　　电子邮件则是另外一种使人又爱又恨的间接沟通方式，
照理说它应该是最方便的，尤其在高度电子信息化的时代
下，几乎所有的职场环境都有电脑，也大多都能上网，电子
信箱更是现代职场人的基本配备。可是，这么方便的沟通方
式却有难以掌握的较大的回复缺陷。

当我们在计算机前呕心沥血地敲敲打打，花了好长一段时间，总算一修再修地，把内容、语意全调整至趋近完美，但按下发送出去之后呢？发信者最多只能再拨通电话，告知对方自己发了封 E-mail，请对方留意，接下来便只剩等待了。

煎熬将一直持续到看见对方的回信为止，否则"是不满意我的提案内容吗？""是有别的竞争者在谈吗？""是还想争取更多、更优惠的条件吗？"……各种负面想象将会排班似地不停出现。别让发信给你的人也有如此感觉，养成固定时间收信发信的习惯，也是一种促进双方沟通的好方式。

无论采取什么样的沟通渠道，无论扮演的角色是信息传递者，或者是信息接收者，只要在参与沟通的过程，记得打开敏锐度与同理心，大抵都能获得良好的沟通成效。而藉由多种不同的沟通方式，我们也能汲取他人的经验，并分享自己的所知，沟通意见的同时也交换信息，让双方都能享有另一层在原始目的之外的新收获。

沟通是否成功，时机决定成败

两性专家时常运用下列四个短句："对的时间"、"对的人"、"错的时间"、"错的人"，来交替排列，藉以形容某些感情状态。其实改一两个字，同样的逻辑也能套用在沟通上。

在错的时间，说对的事，是一种遗憾。在错的时间，说错的事，是一场灾难。在对的时间，说错的事，是一声叹息。唯有在对的时间，说对的事，才可能会是一次成功的沟通。可见时间的掌握拿捏，对于沟通是否成功，有着举足轻重的关键性。

然而，负面教材亦是一种重要教材，尤其在职场中更是如此，藉由失败的案例，可以让我们有机会不再重蹈覆辙，少了在泥泞中挣扎，在错误中沉沦的虚耗，不仅能节省更多时间去做正确的事情，在体力与经验值上，也比那些身经百战却屡战屡败的战士们，来得更加充沛！

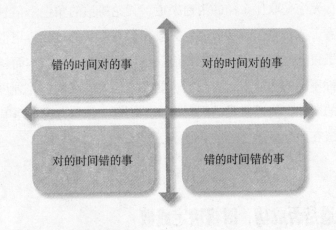

错的时间，说对的事

一般的上班族，即使是在上班时间，也可以弹性地自我调配工作，只要最后结果能按时交出，主管或同事大多不会有什么意见，可是从事金融工作的王小姐不一样，因为她每一分每一秒都得配合客户的时间，所以上班的时候，她最讨厌私人电话响起，所有亲朋好友都明白她工作性质的特殊性，鲜少在上班时间打扰她，除非有什么特殊的紧急事件。

这天，正当她忙着将手上的急单输入进计算机系统的时候，手机铃声突然响起，是好久不见的高中同学。对方问也不问王小姐方不方便讲电话，只是哗啦哗啦地说着毕业很多年，很想念大家，即将举办同学会了，问她要不要参加、几个人要参加……当下，她实在忙得不可开交，又在对方的连珠炮当中遍寻不着切入点，只好勇敢地挂她电话，赏老同学一计铁板尝尝。

假如，这位老同学在分享久未联络的急切与欣喜之余，能稍稍留意王小姐为什么反应如此冷淡，甚至是先打听清楚情况，挑个合适的时间再打，相信她所传递的喜悦也会获得相同的响应，高中同学会上也会多了一名出席者啊！

错的时间，说错的事

有一个非常重要的项目，必须取得公司最大客户的认同，于是上级主管派了个很积极、很有工作热诚的小菜鸟来当传令兵。他的任务很简单，只需要将业务部主管亲手执笔的邀请函，亲手送到对方手上即可。

虽然只是权充信差，但小菜鸟还是为此感到兴奋不已，毕竟对方可是公司最主要的业绩来源，自己才进公司没多久，竟有这样的殊荣与机会能见到大客户，在开心的乐翻天之余，他也没忘了公司交待的任务与自己的小小心愿。

无论秘书怎么婉转表示，自己的老板忙得不得了，只要

将请柬交给她就可以了，小菜鸟却坚持地不肯退让，秘书眼见拿他没辙，只好硬在两个会议的间隔十分钟内，让小菜鸟完成任务，没想到，他将邀请函亲手送给大老板之后还不满足，硬是拉着对方解释公司的新产品有多棒、专程为他举办的宴会有多慎重，甚至连很兴奋能见到他的心情也一股脑地说了！

在不适当的时间（对方正忙碌），说着不适当的事情（并没有急迫性与必要性），这名重要客户虽然不至于把怒气全牵扯到小菜鸟的公司上，但对这名冒冒失失的小菜鸟肯定没有什么好印象，以后就算有机会，恐怕也不会将业绩给对方做吧！

对的时间，说错的事

小吴是一家美国独资公司的新进员工，这家公司一向以自主化的管理、活泼开放的工作气氛而闻名业界。在小吴所属的团队里还另外有个不成文规定，当新进人员的三个月试用期期满时，主管便得请新人上餐厅吃顿好的。一方面是当做庆祝，另一方面也为了想了解新进人员的工作状态，是否适应或者对公司、对团队有什么想法。

很快三个月过去，这天终于轮到小吴吃"迎新饭"了。席间气氛还算愉快，结果，没想到就在餐点撤下，咖啡上桌，新部下与新主管可以好好交谈，培养沟通默契之际，小吴竟然劈头就问："我们公司通常几个月加一次薪呢？试用期满应该有一次调薪的机会吧？"

在这样目的明确的晚餐之约里（对的时间），新进公司甫满三个月的员工，还没想过自己能做什么，却已经在问自己能得到什么（错的事），若你是小吴的主管，你会怎么回答呢？更重要的，是你会怎么评价他？

沟通的目的在于成功，相信没有人最初的出发点是失败也没关系，既然如此，那么何不在开口之前，遵守"停—看—听"原则，让自己再多想想，剔除沟通过程中可能导致失败的因素，让事情发展更顺利呢？其实并不难，只要让对的事情在对的时间发生！除了上述的实际案例之外，时间点的判断其实是有基本规则的，只要看对方什么时候最放松，那段时间大概就是沟通的好时机。普遍（并不是绝对）来说，男性在吞云吐雾或是喝酒喝咖啡之际，心情最放松；而最适合和女性进行沟通的时间，则是用餐时间，尤其是当甜点端上来的那一刻！

找出沟通的盲点

诚如前文所提，所谓的沟通不是单方面的说了算，而是表达了之后，对方忠实地接收到我们所表达的意思，并且完全了解，这样才叫做成功的沟通。比如说主管要求所有部属们，应该保持工作环境的整洁，将不必要的杂物清走，腾出空间，除了让环境看起来比较清爽之外，也希望大家能更聚焦、更专心于工作上，不要轻易地被外务或外物给拉走专注

力。一起工作了一段时间的资深员工，大抵听得出来顶头上司的言下之意，只有新进的小妹妹还在迷惑中，不停地询问旁人："他一直都管这么多吗？"甚至还大声追问："那我的海报呢？贴在自己的位置上也不行吗？"如此地身在沟通状况之外，真是让旁人忍不住替她捏把汗。

由上述例子不难得知，其实沟通不见得每次都能成功，想知道沟通是否成功，是需要经过验证的，怎么做呢？最常见的做法是设计一道安全机制，利用提问法来确认。想知道对方所接收到的，和你所想表达的，中间是否有出入，我们可以这么做！相同的，如果想确认自己所接收到的信息，是不是就是对方所传达的，也一样能透过反问来验证！总之，提问法对传递信息的发问方，与接收信息的聆听方都同样管用！

打个简单的比方，某天主管告诉你："帮我订明天十点的车票。"这句话听起来似乎十分明确了，还有什么需要确认的吗？当然有，短短十个字其实有三大疑点，明天十点，是早上十点还是晚上十点？车票，是火车票、高铁票，还是汽车票呢？最重要的是，目的地是哪？

人天生就会依循习惯，来做出下意识的判断，只是，我们所习惯的事情不见得就是正确的，否则在追究原因时，也不会老是听到以"我以为……"来作为开场白了。因为每个人的生活背景与经验不同，所以养成的习惯自然也不同，可是，人的大脑结构却差不多，运作模式亦然，在大脑的逻辑思维里，会自动去创造、去补偿信息的不足，以什么为标准？以每个人的习惯为标准。而沟通的失误往往就从这里开始。

既然如此，该如何预防因为这种自发性的补偿作用，所产生的认知错误呢？唯一的方法就是用真实的信息去确认。比如说之前那一句"帮我订明天十点的车票"，你可能习惯很早起床，所以你的十点指的是上午十点，但你的主管可能是中午才起床的人，他所说的十点是晚上十点，而大多数的人在信息未明的状态下，会依照习惯去设想是上午或晚上，设计一道安全的反问机制，就是为了避免这种相差十二个小时的意外发生。

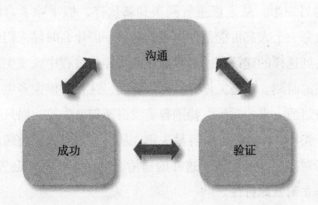

其实我们只需要在接收到信息的时候，养成反复确认的新习惯，"帮我订明天十点的车票。""好的，是明天'上

午'十点吗？"这么简单的一句话，就可以避免可能发生的沟通失误，是不是很简单呢？

对错误的接受度越低，那么这道反问机制就应该设定得越严密，以同样一则要求来说，"帮我订明天十点的车票。"那么应该是十点到达，还是十点出发？要从哪里出发，目的地又在哪？这些问题的答案都会直接影响接收命令的人，影响他执行任务的方式。心细的人可以找出许多可能疏忽之处，将这些盲点一一移除，力求沟通精准无误！

培养沟通时的情绪管理能力

生活中我们或许时常听到他人这么建议："你应该和对方多沟通。"这里的对方，可能性有无限多，从父母子女朋友到另一半，从老板主管同事到新伙伴，似乎除了自己以外，每一个人都可能是你沟通的对象。而什么时候人们最容易收到这样的建议呢？多半是在两方相处过程中，发生意见分歧的时刻。可是，你有没有注意到，这种时候大多也正是你情绪涌上来的时候，特别容易没讲两句就失控，而只要情绪一失控，沟通便非常容易失焦，从对事不对人，跳转成对人不对事，一旦陷入了这样的情境，沟通十之八九会失败，除非立刻就此打住。

前文所说的这种"失控沟通"，其实沟通成分少，情绪发泄的成分多，对问题的解决，根本一点帮助都没有。

要知道，沟通是有目的的，从信息传达端而言，我们一定是有某一种东西想让对方知道，有某一件事情需要对方执行，有某一种观念需要对方的支持。或者从信息接收端的聆听者角度来看，沟通必定是对方有某件事情在征求我的同意，需要我的付出或努力。总之，沟通必然是各有各的目标、目的，在还没有达成之前，你自己已经先情绪失控——生气了！那么沟通的结果100%，绝对只有失败一条路。

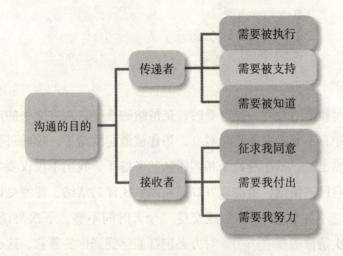

沟通时的情绪管理十分重要，千万不要以为人人都应该听你的，即使你是高高在上的老板或主管，强势能换来的，最多只是阳奉阴违，对你所期望被执行的任务而言，更是一点好处也没有。职场上的工作团队可不比军营里的士兵，不会因为你强势就听命于你，更不会因此心悦诚服。经验法则告诉我们，现代人吃软不吃硬的比例偏高，威胁恫吓则是沟通效率最低的一种模式。

可是，只要是人，便必定有情绪，当你发现自己在沟通的过程中，几乎要失控了，该怎么办？这种时候我们情愿立刻中止沟通，宁可停止它，也不要让它失败！情绪真的快不行，濒临崩溃边缘之际，应当机立断地决定下次再谈。现在暂停往后还有机会，但如果现在让他失控甚至失败了，就等于永远的破局。

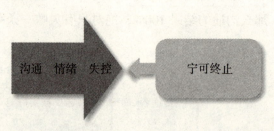

和情绪管理一样重要的，是情绪的抚平，双方交手的过程中，不管是联手还是对立，当你被激起情绪了，你的对手必然也是。基于身处于相同团队的考虑下，我们不仅仅要处理自己的情绪，更应该好好照料团队伙伴的情绪，即便是说声"不好意思"，简短地交待"今天时间不够，下次再谈，下次请你喝咖啡……"对方必定都能感受到你的善意，这么一来，因沟通过程而产生的争执，便比较容易被人归类于"对事不对人"，一想到这里，大多数人的气大概都消了！

团队的沟通是没有隔夜仇的，因为从本质上，沟通就是一件立意良善的事情。身处于同一个团队的我们，为了某些共同的目标和目的而努力，只是在过程中，双方或许各自有不同的看法，仅此而已，因为沟通的行为中，隐含的是诚意而非狡狯。

有的人或许会将沟通与谈判混为一谈，但是从本质上来看，这两者是截然不同的，沟通是团队运作过程中的必要联系，而谈判却是一种竞争。不过值得注意的一点是，虽然出发点是善良的，但在沟通时，切记不要得理不饶人，毕竟沟通的本质用意是在为团队好，那么激起任何一种不舒服的负面情绪，便已经折损了原本的美意与初衷。

【不花钱就变强】

你是个擅长沟通的人吗？有些事情不是自己说了算的！还是赶紧通过下面的是非问题，检查一下自己的沟通力吧！

□大伙儿一起聊天的时候，我总是话题环绕的主角。

那么是不是代表你常常说的比听的多呢？有时候也让别人做做主角嘛！配角也有配角的乐趣，时常会听到许多有趣的弦外之音呢！

□对周围的朋友而言，我是一个没有秘密的人。

这代表你很乐于分享，对沟通力来说，算是正面的第一步！

□我是一个很好的听众，大家有秘密都会跟我说。

这代表你很乐于分担，在分享之后如果也懂得分担，那么你的沟通力必定还不赖！

□我了解朋友或同事最近发生的大小事，包括他们的心情起伏。

观察同样是沟通力的要素，唯有了解每个人不同的情况，才能按照不同的需求与适应方式，做出沟通过程中的最佳判断。

□有时候我说话，特别容易踩到地雷，朋友常常都叫我别开口了。

噢噢~恐怕你聆听与看人脸色的功夫不太好！是不是常在不恰当的时机说不恰当的话呢？多做点聊天练习会有改善的！

□我时常因为会错意而发生很多糗事，同事和朋友都觉得我是标准的迷糊虫。

是不是太习惯将自己的经验套用在别人身上呢？有些事情虽然你觉得"一定是这样没有错！"但多问上几句确认一下，不但不会花你多少时间，还可能免去下一次出糗的尴尬！

运用在生活中的小诀窍

善用笔记

以条列式的方法来整理思绪，让逻辑更清楚，表达更容易，而且也不容易有疏漏！

聊天学沟通

试着运用日常生活的事物，如心情、穿着、天气等，作为展开谈话的切入点，当对方话匣子一开，就只要拉长耳朵仔细听，通过聆听，试着对自己描述所观察到的对方。

Part 9

合作力 Cooperation

将心比心是合作的首要条件

用"让团队成功",而非"个人成功"的思维做事

如何克服"众人皆傻我最精"的迷思与障碍

一个人不可能完成所有的事——团队工作可以创造的可能性

【不花钱就变强】

Part 9

合作力 Cooperation

从小到大不知听过几回这样的故事，筷子一根一根的，能轻易被折断，而如果把这些一根根筷子集合成为一把，却怎么折也折不断。相似的故事还有拔萝卜、和尚挑水等，版本虽然有所不同，但其实殊途同归，讲得都是同一件事情——团结力量大！

或许是因为从小被灌输的观念总是特别根深蒂固，如今人人都认同团结力量大，也知道团结的重要性，但却不见得人人都知道为什么我们要团结，以及该怎样团结，这导致所谓的团结往往容易流于口号，或者只是华而不实的表面功夫。对了！团结其实还有另外一种同样为人熟悉的说法，就叫做"合作"！

合作几乎是职场中最主要的生存之道，99%的工作都需要通过与他人合作才能顺利完成，就算有任何一个人主掌了关键性的80%，但是再怎么样，剩下的部分仍需要他人的协助！因此时至今日，合作力的高低，已然成为企业用人的重要准则之一，比起永远都有个人突出表现的"英雄"，能配合伙伴而转换调整自身角色的"变色龙"则更受欢迎！接下来就

让我们从四个不同层面，自内而外、自下而上地，逐步地
来认识合作力！

将心比心是合作的首要条件

　　世界上的群体有很多种类型，从小到大我们或许以不
同的身份，分别加入过好几种。比如念书的时候，几个好朋
友聚在一起，成为别人打不进来的小圈子，这大概是多数
人有生以来参加的第一种群体组织，此外还有各种社团，
例如同学会、行业协会、行业学会……不过为数最多的团
体，应该还是公司和企业吧！

　　在公司里有不同部门，一级级地形成许多个大小不一的
团队，而维系团队运作的团队工作，则是大家最熟悉，同时
也是最具代表性的群体合作模式。

　　所谓的团队，是有其既定结构的！就像军队有士兵、将
军和元帅，工作团队里也有许多不同的角色，有主导开创性
工作的研发人员，负责制造出产品的产品工程师，想尽办法
把东西卖出去好换钱回来的业务高手，或者是成天锁螺丝的
生产线操作员。

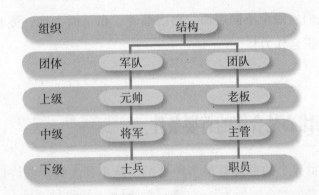

虽然身处同一个企业，为同一位老板工作，甚至是为同一件产品而努力，但由于岗位不同，承担的责任不同，绝大多数的时候，彼此的工作之间，单就工作内容来看，似乎缺乏显著的交集或共同点，负责业务营销的人，不懂研发人员脑袋里的技术，掌管制造流程的产品工程师对销售技巧则一窍不通……如此截然不同的工作环境，该怎么相互合作呢？

别说不同的工作岗位，有时候就是在同一个部门同一个团队，所负责执行的任务也很少完全相同（聪明的老板不会请两个人来做相同的事情），要想在这样的状态下顺畅无碍地合作，我们必须先清楚地知道自己在这个群体结构中，处于

什么样的位置上，进而了解其他人又分别处于什么样的位置上，不同的位置有它必定得要达到的成绩。比如说身为职员者，就有如军队的士兵，负责冲锋陷阵，负责听从上级指示，因此中心思想就是认真勤奋。身为主管，就好比率兵打仗的将军，专业是他最重要的任务与最主要的奉献，因为身为士兵的职员们，可是个个都得仰赖他的专业判断，然后听他的命令行事去达成任务。那么最上级的老板只要在一旁纳凉就好了吗？当然不是，主事者看似十指不沾阳春水，但是劳力付出得少并不代表责任背负得少，事实上，表面上看来完全不用动手的老板，但却得花大把的时间来动脑，而且针对团队的成败，几乎得肩负起完全责任，这就是身为决策者的定位，因此每一个策略是否正确，更是他无法闪避的重要任务！

宋代大文豪欧阳修曾写过一篇《纵囚论》来抨击唐朝皇帝唐太宗，因为当时唐太宗释放了一批罪犯，让他们先行返家，约定等执行死刑的时间到了，要他们再主动回来牢里报到，结果后来犯人们果然如期回来了，太宗觉得能遵守这样的约定实在太难得了，所以决定通通无罪释放！

在欧阳修的文章中，认为唐太宗的目的是在博得美名，犯人的目的是希望能逃过一死，结果"上贼下之情，下贼上之心"，上下交相贼的状态之下，他们相互将对方的心意精准揣摩，所以最后各自达到自己的目的。

虽然这篇文章阐述的是反对意见，但是，若我们将这句话小小修改两个字，从团队合作的角度出发，做到"上察下之情，下体上之心"，那便是团队合作中最完美的状态了！

上察下之情

完美合作

下体上之心

　　身为主管或经营者，必须主动了解、察觉部下想做什么、可以做什么，而部下则要试着体谅、体会上级所决定的策略和判断，究竟是个赌注还是思考之后的结果。这样的充分理解正是所谓的"将心比心"，就算站在不同位置，也不容易产生误会，更不会有"老板到底在想什么?""为什么这些人就是不听话?"之类的抱怨。

　　不仅仅是上对下或下对上，即使在平行的同事关系之间，"将心比心"仍是相当管用的职场合作逻辑。每个人在理解自己做的事情很重要的同时，也应该去理解别人做的事情，了解虽然内容不尽相同，但对你们共同的目标——完成某一项任务来说，则有相同的重要性。就如同一分即使再怎么样地微不足道，但少了这一分，结果就永远不会是完美的 100 分。基于这样的结论，一分和九十九分可以说是一样的。在与他人共组团队，相互配合之际，记得从这样的观点出发，时时提醒自己，"将心比心"一定是促进合作力的首要条件!

用"让团队成功"，而非"个人成功"的思维做事

喜欢看篮球比赛吗？或者，有没有和人一起组队打篮球的经验呢？只要谈到比赛，大概没有任何人喜欢输的感觉，既然参与竞争，当然是以胜利为终极目标！而球赛比的不外乎分数，按照这样的逻辑来看，能掌控分数者，就是让己方胜出的关键人物，往往也是重要的角色。可是，球场上有一种人，虽然得分多却不讨喜欢，别说对手不喜欢他，就连队友也对他有点儿不感冒，这类人往往有种特质，就是凡事喜欢自己来！抢篮板是他、出手投篮是他，什么都是他，只要有其他队友一拿到球，就见他频频打手势，要求传球，似乎忘了篮球也是一种团体运动，不是他个人的表演秀！

像这类老喜欢担任前锋兼后卫的队员，常是最让全队受不了的问题人物！或许他个人的表现十分杰出，或许他时常是单场得分最高的球员，可是他所属的球队恐怕输球的几率远高于赢球的几率，因为光是他一个人就打乱了全队的战术布局，和对手比起来，他所属的队伍不仅少了一名可以帮忙的自己人，最糟的是还多了一块绊脚石，频频破坏进攻或防守节奏，在这样的状态下，想要战胜团结一致的竞争队伍，谈何容易！

为什么有人会这样呢？因为他将"个人成功"放在"团队成功"之前，甚至是期待让个人成功带领团队成功，其实这根本就是本末倒置的做法啊！殊不知对一个团队来说，一

名英雄的价值可能不如三位小兵，有句谚语不也是这样说的吗？——"三个臭皮匠胜过一个诸葛亮"！

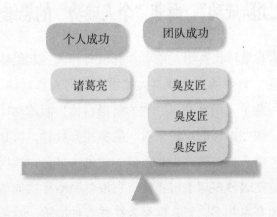

　　身为职场团队的一分子，应以实现团队荣耀为最大宗旨，看到这里或许有些人开始觉得："啊～在唱高调吗？"其实不然，这样的论点从做法上，看来似乎是为了追求团队成功，但最本质的目的还是为了每个成员自身的利益与成功！

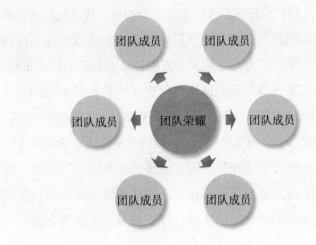

职场生涯分为很多阶段，除非你已经晋升到企业主的阶段，否则在大多数的时候，团队成功所带来的荣耀，即使经过分享，仍将远大于个人的成功。古语"覆巢之下无完卵"，说的正是团队的基础价值。如果身为官兵或将士，在战场上流血拼搏之际，唯有你保存性命顺利逃脱，但将军和其他战友们则全军覆没，那么胜利仍然是属于敌方的！即使你冲锋陷阵地立下汗马功劳，团队覆没之际个人往往只能随之覆没，鲜少有其他选择性。要知道在中国古代，若是将军率领的军队被歼灭了，那等同于主管一职的将军，可是得回京负荆请罪的！

团队与个人乃共存共荣的关系，只要明白了这一层道理，便自然而然地能体会到，个人英雄主义在团队里无用武之地，事实上也毫无必要，唯有将心力投注在"成就团队荣耀"之上，个人荣耀才可能真正实现。即使今天我们只是一名拧螺丝的小兵，但仍是团队的一员，因此只要成功，就能分享荣耀。这才是团队合作的终极目标——创造最大多数人的利益！

如何克服"众人皆傻我最精"的迷思与障碍

聪明与否，在职场上并不是一件最重要的事情，也不见得与成功能划上等号。聪明不肯努力或者聪明却毫不细心，反倒容易犯下更大的错，惹出更让人头痛的麻烦。

会有"众人皆傻我最精"这类迷思的人，多半拥有一些小聪明，而且或多或少都曾因为小聪明，而在学业或工作方面取得一点优势，甚至占得不少好处。

"小聪明"一词听起来容易给人负面观感，但事实上，有时候它也能发挥正面效益！若是运用得宜，小聪明的确能够在工作上帮点小忙，比如说更有效率的做事方法、更加完善的工作流程、更抓得住消费者心态的营销技巧……只可惜大多数人不会单单将小聪明运用在上述地方，更多时候小聪明被用来规避付出与责任。

属于自己的分内事少做了一点，多出来的部分要谁为你承担呢？答案是一起合作的同事！属于自己的责任逃避承担，那么这个黑锅由谁来背呢？答案还是一起合作的同事！团队运作最重要、最需要的和谐，自此渐渐开始崩坏。但是，惰性可以说是一种人之常情，而争功透过则是另一种很容易受到诱发的劣根性，我们又该如何克服这种障碍与迷思，避免两者交相作用之后，被激起的投机取巧心态呢？其实只要仔细思考一道问题，就能打通合作力的任督二脉！

想一想，在整个团队的结构中，自己正站在什么位置上，扮演什么样的角色？透过这道问题，你将会清楚地发觉自己的职责所在，同时也不可避免地会考虑到每一位与你有合作关系的伙伴，什么事情是对方该做的，而什么工作是属于你的责任，藉此便一清二楚，下次再自以为精明地想指挥伙伴们之前，别忘了想想，那是属于你的权责范围吗？如果不是指挥官，却担任起指挥官的工作，最后甚至将任务搞砸了，该怎么办？问问自己是否负担得起！如果没有相对的能力负责，那么就放下主导权吧！

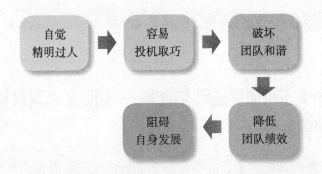

"众人皆傻我最精"一派，老喜欢将"有事我负责"当口头禅般地挂在嘴边，一旦情况真的不如预期，最多则抛下一句"离职以示负责！"但离职真的就是负责任吗？

潇洒地挥挥衣袖，不带走一片云彩?！但也留下了烂摊子，最后辛苦的仍是一起打拼奋斗的伙伴。因此，除非能在事情失控之际，提出解决或补救之道，否则别说自己能够负责呀！

不在其位不谋其政，逾越权力界线最容易惹来不必要的嫌隙。领导者负责做好决策和判断，主管则以专业能力给予实际指导，下属们则应该好好地执行任务，团队中每个人都有自己专属的岗位，只要认清自己并理解他人，就懂得如何

克服"众人皆傻我最精"的迷思与障碍。

一个人不可能完成所有的事——团队工作可以创造的可能性

我们常用三头六臂来形容某人很厉害，但形容毕竟只是形容，真实生活中，尤其是职场环境里，并没有所谓的"三头六臂"，每个人同样只有一个脑袋与两只手，在基本条件方面，几乎可说是人人平等，那么工作绩效与工作表现的差异从何而来？答案是从各种能力而来！

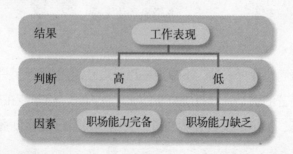

简单地说，速度力越高的人，在相同时间里，可以完成的事情远比速度力低者多，就算不是以效率取胜，在实质的工作成绩上，也已经优于竞争者。观察力敏锐者，不仅可以少走冤枉路，争取时间，还能从他人的成功经验中汲取养分，成就自己的工作表现。此外，像是创意力、学习力、积极力、交际力等，一直到最后一章发问力，同样分别从各自不同的角度，影响了个人工作表现，合作力自然也是如此。擅于运用合作力者，不仅可以达到"三头六臂"的境界，甚至能成为职场上的变形金刚，进入所向披靡的境界！

以一名优秀的职场人来说吧！或许他十项全能，没有任何一项单一任务可以难倒他。可是，如果这无数的"简单任务"通通一起来了呢？再厉害的人恐怕也没有办法一次独揽所有的事情，除非他懂得职场分身术——合作。

工作中总有许多事情会超出一个人的能力范围，即使再怎么聪明、再怎么厉害，一个人的执行力依然有限，就像是人人都只有一张嘴，就算有塞满脑子的想法，一开口仍然只能说出其中之一，不是吗？而只有一双手的我们，就算脑袋转得飞快，可是双手一搁到键盘上，一次仍然只能敲打一份报告，不是吗？这时候合作力就派上用场了！

只要懂得协调的门道与艺术（就是所谓的合作力），伙伴便可以成为彼此的大脑与双手，让每一份职场力量不是只有相加这么简单，而是无限延伸与倍数相乘。两个人能做的事情绝对不单单是"一加一等于二"！三个人所能发挥的效应也不只有"三头六臂"，每个团队成员随时都多了两双眼睛、两个脑袋，一起观察、一起思考，激发出来的能量是很惊人的。请记住，团队越大便越需要合作力，而合作力越高，团队的绩效也越高！

人的想象力、创意力、学习力……或许是无穷无尽，更无界限，但执行力却有其极限，这种时候唯有藉由合作的力量，才能将执行力提升至极致。别忘了，团队的成功优先于个人成功，身为团队中的一分子，都应该为了团队的价值而努力，团队的价值正是顺应决策者的思考，贯彻执行力。要知道唯有先抛开个人主义，以团队成就为目标，最终方有机会实现自我回馈！

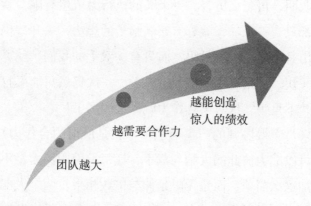

越能创造
惊人的绩效

越需要合作力

团队越大

【不花钱就变强】

团队因为共同目标而组成，而实践这个目标唯有通过合作。合作过程中我们一方面得负责分内任务，一方面得留意伙伴的状态，不停地通过表达、沟通，来调整团队的和谐，因此除了自我掌握之外，了解、体谅你的伙伴，也是培养合作力很重要的一环！

一、仔细思考自己在团队中的角色定位

Q01. 身为团队的一员，知道团队的首要目标是什么吗？

Q02. 我的主要任务是什么？冲锋陷阵的第一线执行者、第二线的幕僚还是最后防线的决策者？

二、仔细思考整个团队结构

Q03. 团队中除了我之外，还有哪些成员？

Q04. 这些人分别处在什么样的定位上，扮演什么样的角色，肩负哪些责任？

三、仔细思考团队与个人之间的关联

Q05. 在团队结构中，哪些角色与我有上下合作关系？我在合作关系中能提供的能力是什么？

Q06. 在团队结构中，哪些角色与我有平行合作关系？我在合作关系中能提供的能力是什么？

四、换个角度想，从正面态度思考以下问题

Q07. 如果我是他，我会怎么做？（他＝平行合作伙伴）

Q08. 如果我是小主管，我会怎么做？（包含指挥调度与协调）

Q09. 如果我是大老板，我会怎么做？（包含思考、决策、下达命令与分配）

Q10. 身为团队的一员，知道团队的首要目标是什么吗？（与 Q01 的答案做比对，看看有没有什么不同？）

Cooperation

Part 10

发问力 Question

产生问题，是一种一定要养成的习惯

寻找问题背后的问题

产生问题＝商机的种子

不要滥用自己发问的机会

在发问之前，先准备好三个解决问题的方法

【不花钱就变强】

Part 10

发问力 Question

一个好的问题，可以引发无限联想，带来更多深入思考的空间，甚至引领创意的出现。一个好的问题，能为发问者营造他所期待的形象，让人在最短的时间内，理解我们在某个层面事务上的专业程度，效果更胜一遍又一遍地自我介绍。而不恰当的问题又会有什么破坏力呢？它很可能会在无意间，暴露出许多原本不打算让人发现的性格与能力缺失，像是马虎行事（所以抓到问题就问，也懒得先做功课），像是依赖成性（所以明明自己上网就可以找到答案的问题，也还是觉得问别人就好了），像是缺乏判断力（所以超级简单的问题也真的好意思问出口）。

在职场上，问对问题的重要性，几乎和作对判断不相上下，因为两者都关乎方向是否正确。只要懂得问问题，那么就没有解决不了的问题！再者，懂得善用发问力，也是一种巧妙的沟通，不仅能达到表达的目的，而且通常看来，你的沟通对象（多半是上司或资深的同事）还能保有自己的选择权、决定权，因此如果能够主动释出明显的善意，往往能得到其对等的响应。

无论是从自我成长的内在要求，还是

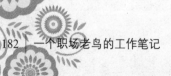

从追求成就的外在表现来看，发问力都是引领我们达到目标的核心能力之一。

产生问题，是一种一定要养成的习惯

"有没有什么问题？"这句话恐怕是许多人在扮演学生角色时，最害怕听到的一句话了。尤其当讲台上老师这么说着的同时，眼神也开始朝台下扫描，绝大多数的时候，随着老师视线所及，台下的学生不是一一垂低脑袋，就是将眼神移开，生怕一有个对视，孔雀开屏中选的就是自己！

为什么会这样呢？开口发问或回答真有这么难，怎么总是让人有一种上断头台般的感觉？最奇怪的是，在你我都曾经历的孩提时期，哪个小朋友不是一天到晚把"为什么"挂在嘴边，当做发语词，怎么长大之后差别如此大，而且如此规格化（几乎人人皆然）！是因为长年纪也长见识，所以懂得更多，以至于没有任何不懂的、疑虑的，需要旁人解惑，还是有什么其他的原因呢？

归根究底，理由说穿了其实很简单，因为缺乏训练！以往在基础学校教育中并不真正鼓励学生发问，尤其是年龄尚稚小时，班级中若偶有一两名好奇宝宝，结果不是因太过天马行空（其实"如何发问"也是需要训练，后面将会提到）而受同侪嘲笑，就是容易被较为刻板的师长视作蓄意找麻烦的捣蛋分子。这类状况对敏感的小朋友来说是很深刻的，除

了让爱发问的小孩不再开口闭口就是"为什么",连同其他小朋友也会间接但又清楚地意识到,还是不要开口的好,免得被笑或被骂。

童年时期的印象往往无所不在地影响着我们的思考模式与行为准则,不喜欢主动发问与发表意见就是一则明显的例子,就像某些很容易大咧咧地说出内心想法的人,无论言谈内容如何,起码可以确定他必然是个对自己十分有信心的人,这类人要不是花了很多时间充实自己,就是从小到大都是乐观派。

可是,不开口并不表示内心是没有想法的,只是因为害怕与众不同,也害怕被嘲笑,所以选择沉默以对。但在讲求团队合作的职场里,如果大多数的人都处于这种缺乏沟通的状态下,怎么可能交出良好的工作成绩呢?就算有人属于特别天才那种人,可以一人当做多人用,但孤军奋斗仍容易有疏漏或后继无力。这种时候,什么人可以改变这样的状态,什么人就很容易异军突起,成为领导者。而这种关键角色,往往是由具有发问力者跳出来扮演!

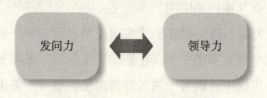

在工作环境中,通常会对我们提出发问要求的,绝大多数是上级的主管、领导,比如说面试的时候,末了主考官总喜欢以"有没有什么问题"来做结尾,90%以上的人

会回答"没有"。很可惜的，职场生涯中，面试无疑是最需要毫无保留、紧抓机会表现的关卡，"有没有什么问题?"表面上看起来是个问句，听起来像是愿意满足应试者的疑惑，提供一些信息。但事实上它是一种要求，要求进一步地了解你。简短的"没有"二字，不仅是回答，也形同一种拒绝，拒绝让坐在你面前正准备将你纳入公司体系的主考官，有更进一步了解你的机会。要知道，此时所提出的每一个问题，其实就是答案，说明了你对这份工作的认真、对这个职务的认识，对于是否能求职成功，这个阶段的表现占相当比例啊!

同理可证，主管在下达工作指令的时候，也喜欢在最后加上这么一句，"有没有什么问题?"目的同样在于想了解你到底理解了多少，之前是否都在神游太虚，或者是一字一句清清楚楚地听懂、听进去了，通过你的回答马上见真章!

另外还有一种情况，是不需要等人开口问，自己就可以直接提出疑惑，比如说执行遇到某些瓶颈、进度有所延滞需要请示、上下游厂商不愿意好好配合、成本压不下来、售价拉不高……工作中可能会面临的问题实在是五花八门，许多时候困境之所以无法被突破，不是事件本身有多难，而是牵扯到同事情谊、合作关系……才使问题显得复杂，如果能将这类情况，适时巧妙地以问题的形式抛出，就能获得更多来自上级的支持与力量，寻求解决之道。此外还可以技巧性地展现自己的责任感，如此两方面兼顾的好方法，何乐而不为呢?

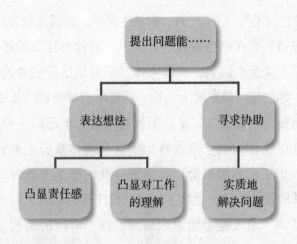

懂得提出问题，不只是为了上述几项目的，虽然在职场上，寻求工作表现、确保工作顺利，是最重要的两大环节，但培养发问力的本质意义不仅于此。通过发问力，学习力、观察力也在过程中得以获得陶冶，而少了学习力与观察力，就很难产生对的问题，对发问力形成正面提升能量，三者可为相辅相成。正视任何一种，认真投入，使之成为习惯本能，另外二者便可水到渠成，但倘若轻忽任何一项，另两项恐怕也不易有良好发挥！

寻找问题背后的问题

首要步骤可能得先厘清什么是"问题"。许多时候我们遇到瓶颈无法处理，是因为摸不清楚问题究竟在哪里，甚至是搞错对象，误把现象、结果当做是真正的问题，在牛头不对马嘴、头痛却医脚的状态下，问题怎么可能顺利解决呢？

　　举例来说，"公司营运财报显示，本季业绩不佳"、"市场研究调查统计出，消费者购买力逐年下降"、"失业人口攀升"、"国民幸福指数下降"……这些常被拿来当做问题研究的大小议题，站在解决事情的角度严格说来，应该被归类于现象、结果，唯有找出它们背后的真正问题，也就是造成上述现象的肇因，问题才有可能从根本解决。

　　说到根本，还有另一种状况是虽然知道问题在哪，但却依然无法获得妥善的解决。比如说"在工作上缺乏动力，是因为自己找不到成就感"、"近来成绩表现不佳，是因为没有工作默契，以致团队配合不顺畅"……表面上看起来，好像已经知道问题出在哪，但为什么不能解决呢？因为被点出的只是表层问题，没有直指核心，不能从根本着手，自然无法得到彻底的解决之道。

　　显然，在这些"问题"背后的问题，才是真正的关键，若不懂得这层关系，就算投注再多心力，就算态度再正面、再积极，最后往往只能落得一个"治标不治本"的结果，久而久之，只是徒劳无功地虚耗心力罢了！状况仍在、现象仍在、问题仍在，困扰也仍在！

　　懂得找寻关键核心，也属于发问力的一部分，发问力的重要性由此再次获得印证，有了这层认知之后，现阶段的重点便在于我们该如何寻找问题背后的问题呢？难道得有一双透视眼吗？事情没有这么复杂，有一项从古沿用至今的传统法则，就是最管用的大绝招——抽丝剥茧。

所谓抽丝剥茧，就是要我们从眼前看到的现象或结果，逐步回忆、回溯，循序渐进地理出整体脉络，追本溯源之后自然能找到根本问题。其实这是最简单的方法，只要有些耐心与记忆力，人人都办得到！但我们往往很容易被眼前的困难给扰乱，一心一意地急于摆脱困扰，反倒让急躁心理束手束脚，无法静下心来思考。因此在抽丝剥茧的过程中，最重要的是保持自己的行事节奏，不要因为暂时的一无所获而焦虑或想放弃，也不要因为有一点进展，就期望能来个三级跳，真正的关键往往都在细节处，有句西方谚语说得最是传神："The devil is in the detail."（魔鬼藏在细节里），而问题亦然。

比较单纯一点儿的，可以运用逻辑直线回推，通过以下的图表，简单地来理解架构运行，要注意，实际在思考问题的时候，或许事情复杂得多，层次可以拉高，不止有浅层与深层两面，每一个环节的因素也可能更多样化，在这里思考得越仔细，就能更精准地找到问题之所在！

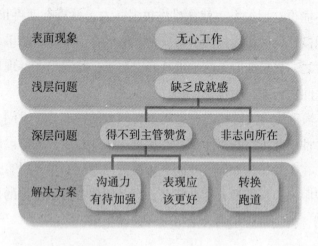

虽然职场中所遇到的问题，大都不如想象中的复杂，但偶尔也会出现例外，当单纯的直线回溯法已经不能使用时，或许可以试试沙漏式的思考逻辑，它将有助于细节的整理与过滤，很适合用来抽丝剥茧找关键。步骤不难理解，就犹如沙漏的外观，从大至小，向下收拢，由巨细靡遗地网罗相关信息开始，再将这些信息加以分类，进而将各类信息加以去芜存菁地浓缩，层层过滤后，将保留下来的信息交叉比对，往往就能获得最后结果。重点在于，每一个环节都要记得两件事，一是随时反复地问自己为什么，比如说无心工作，就要多问问自己为什么无心工作，与自己对话，找出一个以上的答案；二是以耐心维持一定的节奏，复杂不等同于"难"，只是过程细琐容易让人失去耐心，进而被细节里的魔鬼打败，因此若能训练自己，养成维持固定节奏的习惯，将能大幅降低这种失误的几率！

产生问题 = 商机的种子

有句广告词说，科技始终来自于人性，问题与商机之间的关系，通过这句话便可以一言以蔽之！我们将焦点从自己、从工作拉开，转而看向生活层面，甚至是拉大到社会现状与全世界，每一件我们所熟悉的生活必需品，每一种我们所习以为常的生活形态或习惯，其实都是从无到有产生的，而在这些"现代化"的背后，是什么在推动着它们，促使它们被发明、被发现、被制造呢？答案是商机！

所谓商机就是商业机会，它或许会以各种不同的面貌形式出现，但万变不离其宗，卸下多余的附加条件或包装，其本质永远都是人类的需求，人类的需求实为最大的商业机会！

在"需求"进化成"商机"之前，还有一道中间程序，那就是"问题"。诸多生活上的不便形成问题，而这些问题则是诱发、酝酿商机的种子！为了方便移动，人类有了代替双脚的脚踏车，为了节时省力，又再度进化为以现代汽车为主要代步工具。现在家家户户都有的抽水马桶，也是为了创造更便利、更干净的生活，为人们解决重要的生活问题。诸如此类的例子不胜枚举，每一则都能让我们从结果回溯，反向思考，结论就是谁能拥有发现问题的能力，谁就掌握了商机！

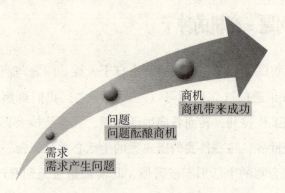

别以为商机是公司或企业等组织机构才需要考虑的事情，对投身职场的每一个人来说，它正是让人立于不败之地

的关键竞争力之一啊!

　　除了藉由问题的产生,寻找下一个商业机会,良好的发问力在职场中能引发的效应有许多,尤其是以不同的身份,提出相同的问题,时常也能带来不一样的作用。身为部下,对上级主管提出疑问,骨子里其实是另一种形式的进度报告,尤其是当执行状态不如预期时,以需要裁定的问号,来取代既成事实的句号,是相当聪明的作法。但如果反过来看,同样的问题出自主管之口,接收信息的对象是部下,那多半是代表一种委婉提醒与方向指引,除了保留情面,不直指疏漏或错误之外,也可能是希望自己的部下能沿着问题,多做主动思考,在寻找答案的过程亦藉此训练他的上进心、组织逻辑与工作能力。

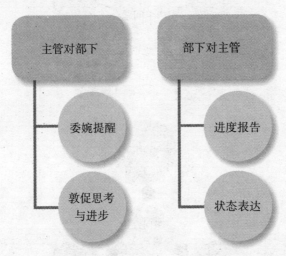

　　职场上,不是只有主管与部下两类人,占最高比例的其实是我们的工作伙伴,而提出问题也是同事间一种很高明的

沟通方式呀！诚如前文所提，提出正确的问题，有助于自我表达，让听闻者明白我们对事情的理解与执行程度，有时光是听对方提出的问题，就能知道人家的进度到哪、状态如何，对自己不无警惕作用。再者，一个好的问题可以成为最佳的引导，通过对方的理解来理解之外，甚至还可以有超越原始问题的理解，达到触类旁通的境界呢！别人的问题对于你能有这种作用，你自己的问题当然也可以，一个正确的问题所引发的回馈效应，是职场良性循环的最佳催化剂！

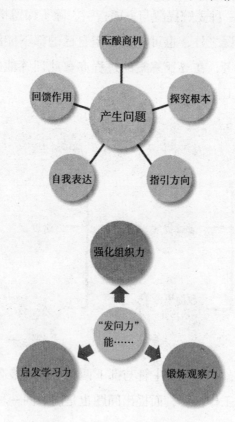

而且，发问的对象不一定是别人，也可以是自己！自问自答时常也是探究问题根本的方法，找寻问题与答案的人都是同一人，过程中会自然而然地转换角色，不仅能把事情看得更完整，也会更透彻。

有些时候发问者提出问题，其主要目的不在于听取答案，而是通过问题来进行意见或需求的表达，如果聆听者也能够心领神会，那么这将是一场高明巧妙的沟通。

不要滥用自己发问的机会

善用发问力提出问题，表达意见与需求是好事，无论是在工作执行方面，还是个人价值方面，都能获得显著的正面效果。既然如此，因此在职场上，我们应该有问题就问，不管它多简单、多复杂，多大多小，或者是多么的常见或罕见。管它三七二十一，反正问就对了?!

当然不是，如果真做到上述的地步，那就不叫善用发问力，而是滥用了！对问题丝毫没有过滤，甚至是为了发问而发问，非但不能在工作执行与个人价值等层面，带来正向评比，反而只有扣分的份！因为这样的举动，凸显出发问者本身是极度缺乏判断力、观察力、积极力、学习力与独立工作的能力！

哪些问题不应该问，应该通过判断力与观察力来决定，比如几乎属于例行公事的当然不能问，如果这些事情天天在你的眼皮下发生，你却还摸不清楚该怎么进行，主管或同事只会觉得你是非常散漫，或者缺乏学习力的人。还有，太过简单或太细微的问题也不能问，提出这样的疑问容易让合作伙伴觉得你缺乏独立工作的能力，连这点小事情也要找人帮，往后应该会拖累团队，带来许多负担。

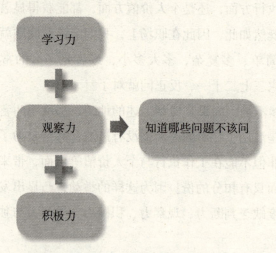

对一名工作资历尚浅，或者是才刚到职不久，对工作内容仍不甚熟悉的团队新成员来说，该怎么避免这种状态，才不会

一不小心就踩到地雷呢？其实并不难，只要在发问之前，先持保留态度多观察，看看是否刚好有相似的情况发生，别人都是怎么处理的，我们就可以从中学习经验，甚或直接模拟。倘若仔细观察过后仍一无所获，便可以初步排除这个问题属于常见的例行公事。第二步则是通过网络或公司资源（如过往报告、公文、数据库等），试着寻找问题的答案，如果你所提出的问题这样就能获得解决，也自然没有提问的必要与价值了！

主管该怎么问

　　并非只有部下才不宜滥用发问力，身为主管滥用发问力，也同样会有负面效应！过多无意义甚至是错误的问题，很容易让部下迷失方向，失去了问题原本应该有的指引作用。对部下而言，一个把自己搞得团团转的主管绝对算不上好主管，长此以往对你的信心与服从将会降至最低。而对主管来说，手下的工作伙伴找不到方向，轻则工作进度停滞，重则完全错误，无论何者对团队绩效都只有扣分作用，且还可能因为顿失民心而让领导优势不保！

一个问题可能形成的正面与负面效应如此截然不同，简直是天堂与地狱的差别，那么身为上级者，更应该通过逻辑分析，来练习为自己的问题做分类，以期更精准地规避错误。

分类	收敛性问题	发散性问题
对象	●经验不足的菜鸟 ●对环境不熟悉的新成员	●已有相当工作默契的部下
特性	●问题较直接而不拐弯抹角 ●有所谓的标准答案 ●凭借直觉逻辑或过往经验，大多可找到答案	●答案往往不只一个 ●问题较复杂需多角度思考 ●无法单纯地从过往经验中取得答案
目的	引导对方进行最基本、最直觉的思考与判断	让已经很有经验的老手能走出自己的迷思，给予指引或刺激，使之朝新方向思考

有没有提问价值，是发问力的第一道判别关卡，而第二道关卡则是问题的高低，由下至上分别有知识常识、综合分析与推理判断三大类。

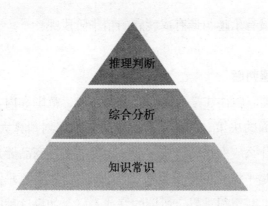

知识常识

这是最多人提出也最初级的问题。大多数的职场新鲜人都会经历这个时期，由于什么都不懂、什么都还在学习，所以提出一些比较偏重执行面的问题，例如软件的操作、报告的写法、档案如何归纳整理……这大多还能被谅解接受，但如果已经在同一个环境工作超过三个月甚至是六个月，却还提出这类问题，得到的时常将不是答案而是大白眼啊！

综合分析

脱离了事务执行或学习阶段的菜鸟期，真正进入工作状态，开始能有所发挥与贡献，综合分析类的问题才会前仆后继地涌出来。此类问题往往以脑海中的工作基本知识作为基础，加入多项选择，需要通过分析才能判断，比如说，"产品发布会有何备案"、"三月或六月举行比较好"……由于这个阶段时常得与同事们展开团队合作，甚至是团队与团队间的跨部门合作，问得对、问得好，会让这个时期成为职场

生涯中最有乐趣与最有成就感的精华阶段呢！

推理判断

这类问题往往是上级与上级的讨论，范围和内容多关乎营运方面的决策，例如"下一季的营销规划预算大幅削减，应该有什么应变措施"或"下一年度的主打商品要走精品路线，还是平民化的低价策略"，诸如此类的问题非但没有标准答案，甚至很难界定所谓的好或不好。如果这种问题已经进入了你的发问领域中，那代表你离成功只有一步之遥了！

不同的职场定位应具备提出不同程度问题的能力。如果已经稍具年资，却老是只能提出一些知识性和常识性的问题，那恐怕会给人以一种"这些年都在混"的感觉，很容易失去同事对你的基本尊重。而如果只是初入行的菜鸟，却试图提出推理判断性的问题，相对来说也是很冒险的！虽然有极少数的例子，成功地藉此表现出洞见与思虑缜密的一面，但更高的比例是给人鲁莽、不知进退，甚至是完全状况外的感觉。因此，要谨慎地使用发问力，让它突显出你的优点而非暴露出缺点！

在发问之前，先准备好三个解决问题的方法

抛出问题事情就解决了吗？如果真有这么简单的话，那么发问力也就不会是不可或缺的职场能力了！就像前面篇章中曾经提到过的，有时候我们提出问题并不见得是想要答

案，而是一种表达，这种状况又是在下对上的关系中最显频繁。

凯文退伍已经三年了，一直在某外资公司担任营销企划的职位，这些年来，他自问工作认真也很勤快，但是不知道为什么，加薪与升职的速度就是没有别人快！

珍妮一毕业就成为凯文的同事，至今也将近两年了，从一开始什么都要人教的小菜鸟，到现在渐渐能够独当一面，最近主管交待任务时，甚至偶尔会跳过凯文，直接找资历较浅的珍妮负责，让他感到颇不是滋味。可是即便如此，凯文却从不去细究问题到底出在哪？而且就算知道症结点之所在，也不见得会进一步思索解决之道，被动姿态一如面对主管交办的工作任务时。

凯文不知道问题出在哪，但主管心里却明白得很！虽然表面上看来凯文很认真负责，可是骨子里的被动却难以隐藏，每回将工作交到他手上时，他会手脚利落地处理，一发现问题也会实时回报，但也就仅止于此了，似乎将问题抛出来之后，剩下的便是该其他人负责处理的事。如果问他有没有什么想法，凯文的反应要不是明显一愣，显示他完全没有考虑过这些问题，不然就是圆滑地表示一切依主管裁决。但是反观珍妮呢？她屡屡直指问题的核心，并且在提出问题的同时，也早就做好功课，连同可行的解决方案也准备好了，就算有些问题在珍妮的权责范围内，无法被解决，但她仍然会先提出几个选项，甚至连利弊优缺点也一并分析过，为主管节省掉一些工作时间。说实话，珍妮的建议不见得每次都能派上用场，可是却让主管看见她的主动性与思考能力，假

以时日累积了经验之后，珍妮的表现一定会比凯文优秀，所能够提供的产出与个人价值也一定比凯文多和大！主管的心里由衷地这么想着。

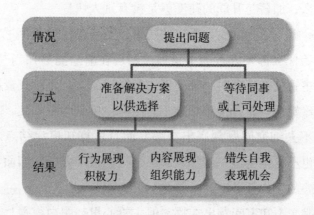

有潜力的环境必定竞争激烈，竞争激烈的地方必定分秒必争。如果能善用发问力，提出正确的问题，可以大幅降低瞎忙与白做工的几率。达到这样的程度固然已十分优秀，但如果能更进一步地，在发问之前，便先准备好三个解决问题的方法则更棒！

大部分的时候主管负责大方向的管控，没有多余的心力专注在小细节上，当我们从细节发现问题进而提出时，往往就是主管第一次察觉到该问题的时候。一发现有情况，人的本能反应都是慌乱，差别只是训练有素的人慌乱期短，缺乏经验者慌乱期长，早已身经百战的主管纵使慌乱期短，但如果我们能先将可能的解决方案，接在问题之后一并提出，则能让它更为缩短，甚至直接跳过慌乱，进入理性判断。为什么我们要这么做呢？因为，替主管解决问题，就是替自己加分！

【不花钱就变强】

多多阅读，找寻观点

没有想法何来疑惑？因此平时的自我累积与充电自是当务之急，通过大量阅读，无论是书报杂志还是电影电视，练习对眼前所发生的事情加以评论，在拥有自己的观点之后，发问力多半就会因应而生。

实地演练，增加经验

平时可以多多练习从"人、事、时、地、物"等方向，来拆解事件，进行的时候最好有辅助工具，例如纸笔或电脑，方便交叉判断，因为光靠大脑记忆很可能发生疏漏，成效不彰！

多与人对话

谈话通常是由一个接着一个的问题衔接而成，在一抛一接的过程中交织。不管是三分熟还是七分熟，只要有机会就别害羞，应勇于主动与人交谈对话。直至无论对象是陌生或熟悉，都能与之对答如流，那么发问力必然已臻一流水平了！

关键词索引

在会议末了，主持人要求与会者发表意见或提问，这是上班族最容易碰到的情况了。如果不想贻笑大方，那么得花点时间回想内容与消化吸收，才能整理出有深度的好问题，可是没人发问的空当又显得十分尴尬，怎么办？如果在会议过程中，我们能边用耳朵听边用手做笔记，觉得有疑惑想进一步了解之处就先做点记号，或留下几个关键词，待会儿只要概略浏览一下，重点便能浮现出来，既简单又迅速！